雇用社会と法

國武英生

（新訂）雇用社会と法（'21）

©2021　國武英生

装丁・ブックデザイン：畑中　猛

s-73

まえがき

　大学の講義で学生と話をしていると，社会の変化や実態もふまえて，わかりやすく労働法を学びたいというニーズは，非常に強いと感じるようになった。

　今までにも労働法に関する数々の良書がでており，わかりやすい労働法の本もたくさんある。しかし，「雇用社会の変化のなかで，労働法がどのように変化し，いかなる課題があるのか」ということを，わかりやすく記述する入門書・基本書はあまりなかったように思われる。そういった本であれば，私でも微力ながらお役に立てると思い，印刷教材の構成と内容に工夫を加えた。

　本書の位置づけは，「雇用社会と法」を学ぶための「入門書」である。雇用社会の実際と労働法の基本を学びたい方が，初めて手に取る本として書かれている。本書の特色は，①雇用社会の現状について統計等を紹介して理解できるようにしていること，②労働法の基本的知識を習得できるようにしていること，③各回に考えてほしい論点を明示していることにある。

　入門書ではあるが，大学でのこれまでの講義経験を反映したものであり，提示している論点は労働法の世界で議論されている本格的なものである。統計などを参考に自らの考えを深め，より発展的に学びたい人には参考文献等を参照することでより深いところまで学べるようにしている。また，巻末に参考図書の一覧を掲載したので，労働法の分野に興味をもった人は，本書をきっかけに労働法を発展的に学んでほしい。

　わが国では，中学校や高校においてワークルールを学ぶ機会が少ないために，職場で自分がおかれている状況が法的にどのような状況であるかを認識できないといったケースも少なくない。正確な知識を身につけ

ることは，自分自身と仲間を守ることにつながる。また，使用者にとっても，円滑で健全な企業経営を確保するために不可欠なものである。まずはそれぞれのテーマに関する法的なルールに関する知識を身につけてほしい。

　「雇用社会と法」を学ぶうえで重要なことは労働法を知識として学ぶだけではなく，現在において常識と思われているルールについて，自らの考えを持ち合わせることである。市場の変化とともに，雇用社会も変化に直面している。第四次産業革命が世界的に進行するなかで，産業構造そのものが再編成されるとともに，働き方にも変化が生じている。こうした時代には，問題をリアルに捉え，学術的知見を応用しながら問題解決の方法を考えることが重要である。

　放送教材においては，問題意識を深めることを目的として論点を絞って取り上げている。そのため，印刷教材でのみしか扱っていない事項も少なくないし，放送教材のみで取り扱う話題もある。この印刷教材と放送教材の双方を利用することによって，理解を深めてほしい。

　印刷教材と放送教材が完成するまでには，多くの方にご協力をいただいた。印刷教材の編集を担当された一般社団法人放送大学教育振興会の福岡二九雄氏には，大変お世話になった。福岡氏の懇切丁寧な編集のもとで，完成までたどりつくことができたものである。また，小樽商科大学國武ゼミのゼミ生諸君にも，判例のチェックなどを手伝ってもらった。放送教材は，放送大学制作部プロデューサーの佐伯友弘氏，ディレクターの玉木泰裕氏をはじめ，多くの撮影スタッフのご協力のもとで収録を終えることができた。関係の皆様に記して御礼を申し上げたい。

2020年10月

國武　英生

凡 例

（1）法令名の略称

【重要な3つの法律】

労基法　労働基準法

労契法　労働契約法

労組法　労働組合法

以下は50音順

安衛法　労働安全衛生法

安衛則　労働安全衛生規則

育介法　介護休業等育児又は家族介護を行う労働者の福祉に関する法律

均等法　雇用の分野における男女の均等な機会及び待遇の確保等に関する法律

交通法　公益通報者保護法

高年法　高年齢者等の雇用の安定等に関する法律

個別労働紛争解決促進法　個別労働関係紛争の解決の促進に関する法律

雇保法　雇用保険法

最賃法　最低賃金法

時短促進法　労働時間の短縮の促進に関する臨時措置法

障害者雇用促進法　障害者の雇用の促進等に関する法律

障害者差別解消法　障害を理由とする差別の解消の推進に関する法律

職安法　職業安定法

賃金支払確保法　賃金の支払の確保等に関する法律

賃確令　賃金の支払の確保等に関する法律施行令

賃確則　賃金の支払の確保等に関する法律施行規則

入管法　出入国管理及び難民認定法

パート法　短時間労働者の雇用管理の改善等に関する法律

パート・有期法　短時間労働者及び有期雇用労働者の雇用管理の改善等に関する法律

労基則　労働基準法施行規則

労災保　労働者災害補償保険法
労調法　労働関係調整法
労働時間等設定改善法　労働時間等の設定の改善に関する特別措置法
承継法　会社の分割に伴う労働契約の承継等に関する法律
派遣法　労働者派遣事業の適正な運営の確保及び派遣労働者の保護等に関する法律
労働施策総合推進法　労働施策の総合的な推進並びに労働者の雇用の安定及び職業
　　　　　　　　　生活の充実等に関する法律

2　行政解釈等の略称
厚労告　厚生労働省告示
労告　労働省告示
基発　労働基準局長名通達
基収　労働基準局長が疑義に答えて発する通達
発基　事務次官通達

3　判例の表記
【例】　高知放送事件（①）・最二小判（②）昭52・1・31（③）労判268号17頁④

①事件名：労働法の分野では，当事者となっている会社等の名前を事件名として使用しています。
②裁判所名：「最二小判」は最高裁第二小法廷の判決という意味です。「判」は判決，「決」は決定を意味します。
③日付：判決の出された日付です。年号は「昭」「平」「令」で表記します。
④掲載誌：「労働判例」を「労判」，「最高裁判所民事判例集」を「民集」，「労働経済判例速報」を「労経速」と表記します。

目次

1 | 雇用社会と法の役割

《**目標&ポイント**》 労働法はなぜ必要とされ，誕生したのか。歴史的な背景を確認しながら，労働法が誕生した意義と役割について学ぶ。また，労働法はどのような法分野を形成しているかについて学ぶ。
《**キーワード**》 雇用関係法，労使関係法，労働市場法，労働基準法，労働契約法，労働組合法

1．雇用社会と法

　雇用社会と法を学ぶみなさんは，「労働法」という法分野についてどのようなイメージを抱いているだろうか。

　当たり前のことだが，生きていくためには，生活を送るための収入が必要になる。自ら事業を営むことも「働き方」の1つであるが，世の中の多くの人が雇用という形式で働いている。正社員として働くときはもちろん，アルバイトとして働く場合にも，労働契約を締結することになる。どういう労働条件で働くかといった契約の内容については，労働者と使用者の合意で決めることが基本となる。

　こうした労働に関わるさまざまな法律関係を規律する法律を「労働法」と呼んでいる。労働法という名称の法律があるわけではなく，労働に関する法律の総称が労働法である。

　では，なぜ雇用社会において，労働法が必要なのだろうか。労働者にとっては，自らの生活と権利を守るためであるし，使用者にとっては，

円滑で健全な企業経営を確保するためである。労働法は，労働者，使用者双方にとって，必要不可欠なものである。

　近年，労働者を酷使し，違法状態で働かせる「ブラック企業」が問題になっている。労働法を社会に浸透させ，ルールが守られるようにするためには，現場の労使が労働法のルールを共有し，使用者がその違反を自主的に是正したり，それが難しい場合には，労働者がルールを実現するために様々な制度を活用したりできる環境を整備していく必要がある。

2．労働法の存在理由

　労働法の歴史はそれほど長いものではなく，19世紀後半から20世紀にかけてその骨格が形成されてきた。労働法はなぜ必要とされたのだろうか。過去に遡ってみてみよう。

（1）過酷な労働実態

　19世紀の産業革命以降に生じた社会問題が過酷な労働実態である。19世紀のイギリスでは，年少者の過酷な労働条件が社会問題として認識されるようになった。カール・マルクスは，『資本論』において，児童労働の状況について次のように記述している。

　「生産過程を24時間連続して継続することは名目的労働日の限界をふみこえるための絶好の機会を提供する。…『証人陳述によれば9歳から12歳までの少年たちによってなされているというこの労働量を思うとき，何人も両親と雇用者によるこうした権力の濫用はこれ以上許されざるものであるという結論に達せざるをえない。』…『ある圧延工場では，名目上の労働日は朝6時から夕方の5時半までとなっていたが，ある少

年は毎週4日，少なくとも翌日の夜8時半まで働いていた…しかもそれが6ヶ月間続いた。』」（カール・マルクス（今村仁司＝三島憲一＝鈴木直訳）『マルクス・コレクション　Ⅳ　資本論　第一巻（上）』（筑摩書房，2005年）377頁）

　資本論には，雇い主は，7歳から13歳ないし14歳までの者を教区の救貧院から徒弟として連れ出し，仕事を監視するために監視人がおかれ，児童が酷使されている状況が描かれている。子供を，誰にもましてまずは両親と雇い主から守ることが意識される時代であった。

　フリードリッヒ・エンゲルスが『イギリスにおける労働者階級の状態』で指摘しているように，当時は，16時間から18時間の労働が一般的であり，6歳から8歳の児童も14時間から16時間もの間働いていた。女性労働者は，出産の時期がくるまで工場で働き，産後3日ないし4日後には工場の仕事に復帰していたという。

　20世紀初頭のアメリカは，子どもを労働力として使用することが，いわば常識とされていた時代であった。

　アメリカの写真家ルイス・ハインは，アメリカの炭鉱や製糸場で働く子どもたちの姿を撮影している（図1-1）。

　ルイス・ハインは，ある工場について次のように報告する。

　「12歳の少年が紡績機に落ちてしまい，安全装置のないギアに巻きこまれて，指を2本もがれてしまいました。しかし，工場の職長はこう語っています──この工場では事故が起こったことなどないよ。ときどき手や足の指をつぶしてしまうことはあるが，そんなことは事故のうちにはいらないからな──」（ラッセル・フリードマン（千葉茂樹訳）『ちいさな労働者─写真家ルイス・ハインの目がとらえた子どもたち』（あ

図1-1　ボビンを取り替えるために機械によじのぼる少年
出典：Russell Freedman, 1994=1996（写真提供　ユニフォトプ
レス）

すなろ書房，1996年）46頁）

　綿紡績工場で働く男の子のうち，生きて12歳をむかえる数は，通常の
半分にも満たず，女の子の場合はさらにひどかったようである。低賃
金，長時間労働，不衛生で危険な職場などが，契約自由の名の下に放置
されていた。劣悪な労働条件下に働く年少者・女性の酷使が社会問題と
して認識されるようになった。

　わが国においても，劣悪な労働環境で働く人々が出現する。犬丸義一
校訂『職工事情』，プロレタリア文学として小林多喜二『蟹工船』，細井
和喜蔵『女工哀史』，山本茂実『あゝ野麦峠』などにおいて，過酷な労
働実態が描かれている。

　たとえば，わが国においても，若い女性が田舎から連れてこられ，一日13時間労働で寄宿舎と工場の往復の生活を強いられ，病気でも叩き起こされ働かされる状況が続いていた。手紙でのやりとりも中身を見られ，工場の悲惨な現状を書いた手紙は捨てられることもあったようである。

　労働者のこうした実態は，イギリスやアメリカ，日本のみならず，世界各国でも同じような状況であった。

（2）資本主義社会と雇用

　人が働いて生産を行うという行為は長らく存在してきた。今日，労働関係を成り立たせているのは，生産手段の所有者である使用者と労働力を保有する個々の労働者との間の労働契約である。

　私たちの住んでいる社会では，「契約の自由」が原則である。買い物をする際にも，契約を締結する際にも，あくまでも対等な立場に立った者同士が，自由な意思に基づいて契約を締結して社会を形成している。雇用の場面においても，「契約の自由」によってうまく機能するのであれば，どういう仕事を1日何時間するか，いくら賃金をもらうかということは，お互いが自由に取り決めていいということになるはずである。働く際にも，労働者が使用者と対等な立場で契約を締結して，契約内容についても自由に取り決めることでうまくいくのであれば，そこに法的に介入する必要はない。

　しかし，契約の自由の原則があるにも関わらず，労働者は実際には不自由，不平等な立場で労働契約を結ばざるを得ない。歴史的には，次のような事情から労働者は不利な立場に立たされることとなった。

　第1に，労働力という商品の特殊性である。資本主義社会では，基本的には，必要な投資をして経済的利益を上げる使用者と，誰かに雇われ

て生活していく労働者に二分される。労働者が提供する労働力は，通常の商品のように，時期を見て一番有利なタイミングで売るとか，販売数を制限するなどして，価格を有利に調整することができない。労働力は貯めておくことができないために，労働者は，契約の締結を事実上強制されることになる。

第2に，労働者間の競争により，労働条件が不利になるということである。事業が洗練されれば，誰でもできる仕事に少しずつ変化し，労働者側に高いスキルは求められなくなる。そうなれば，労働市場に多くの人が参入することにより，競争相手が増え，労働条件は低下していくことになる。

第3に，労働の画一化により，使用者が一方的に労働条件を決めるようになるということである。産業革命以降，工場労働では画一的な労働が求められた結果，労働条件についても労働者と使用者がその内容について話し合いをする余地がなくなり，あらかじめ使用者が画一的，統一的に決めた労働条件を，一括で受け入れるか，それとも契約を締結しないかという選択をせまられることになる。経済的に優位な立場にある使用者は，自己に有利な労働条件を一方的に決めて労働者に示すようになる。

かつては，労働関係についても，当事者間の自由な合意に基づくものと理解され，「契約の自由」が認められていた。「契約の自由」の原則の下では，使用者に，労働契約を締結するか否かの採用の自由が認められ，労働契約を解約する自由についても認められた。こうした状況は，労働市場において，使用者の思うままに労働者を扱うことが可能になり，労働者と使用者の対等な関係を形成することはなく，むしろ労使関係における不平等が拡大していく結果となった。

「契約の自由」という原則は，現実には，労働者に不利に働くことに

なる。使用者が優位に契約内容を決めてしまうこともまれではなく，当
事者が契約の内容を全部自由に決めていいということにしてしまうと，
低賃金や長時間労働などの劣悪な労働条件が放置されてしまうことにも
なりかねない。歴史的にも，労働者が劣悪な労働条件の下で働かされる
という事態が生じたのである。

（3）労働法の特徴

　そうしたことにならないよう，労働者を保護するために登場したのが
労働法である。労働法は，契約自由の原則を修正し，労使の実質的な対
等関係を実現することを目的とした法律である。労働条件は，労働者と
使用者とが，対等な立場において決定すべきものとされている（労働条
件の対等決定，労基法 2 条）。

　このように，使用者と労働者の関係を契約の自由に委ねておくことが
できず，労働者の生存・自由・人格を守るため，労働法によって労働契
約関係に「介入」する必要がある。

　労働契約は次のような特徴を有する。

　第 1 に，労働契約は，働く「ヒト」そのものを取引の対象にする。契
約の内容によっては，労働者の肉体や精神が侵害されてしまうおそれが
ある。「労働は商品ではない（Labour is not a commodity）」は，1944年
に国際労働機関（International Labour Organization, ILO）のフィラデ
ルフィア宣言において確認された原則である。労働関係において取引の
対象になるのは「労働力」であるが，「労働力」が商品のように取引さ
れるなかで，商品としての「労働力」は生身の「人間」によって提供さ
れるものであり，労働者の「人間」としての側面から労働の「商品化」
を規制することが求められた。

　第 2 に，労働力は買いたたかれやすく，必然的に，労働力の所有者で

ある労働者は，使用者との関係では経済的に弱い立場におかれることになる。その結果，労働者は，自分が心から望んでいない条件でも契約の締結をしてしまうことがありうる。

　第3に，労働者が労働をする際には，使用者から指示や命令を受けるので，その点で，働くことによって労働者の人格や自由が侵害されるおそれがある。

　人は働くことで収入を得るが，取引の対象となるのは人間の労働力である。ILOは「ディーセント・ワーク」，すなわち，「働きがいのある人間らしい仕事」を推奨している。そこでは，権利の保障，社会保障の確保，対話の保障，自由と平等の保障，といった点が重視されている。

　ここで認識しておく必要があるのは，労働問題は，必ずしも労働者個人の責任によって生じているわけではないということであろう。一定数の失業や非正規雇用の発生は，個人の努力とはかかわりなく発生する社会的な現象であり，それは，個人の責任において解決可能なものではない。「労働は商品ではない」ので，使用者と労働者の関係を，他の商品と同じように当事者の自由な合意に任せておくことができないのである。

3．労働法の現在

（1）労働法の分野

　労働法は，社会における労働者の実態を直視して，所有権の絶対，契約自由の原則，過失責任主義を基本原理とする市民法を修正する。

　その労働法を体系的に整理すると，次の4つの分野に分類することができる。

　第1は，雇用関係法（個別的労働関係法）である。雇用関係法は，労働者と使用者の関係を規律する法分野であり，労働条件の最低基準を定

める労働基準法（労基法），最低賃金を定める最低賃金法（最賃法），労働契約の基本ルールを定める労働契約法（労契法）などが代表的な法律である。

　第 2 は，労使関係法（団体的労使関係法）である。労使関係法は，労働組合，労働者，使用者の関係を規律する法分野であり，労働者の交渉力の強化を図り，労働条件の集団的設定を促す労働組合法（労組法），労働関係調整法（労調法）などによって規律される。

　第 3 は，労働市場法である。労働市場法は，求職者（労働者）と求人者（使用者）の関係を規律する法分野であり，労働者の求職・就職の機会を拡大するため，職業紹介を実施したり，職業紹介事業を規律する法分野である。職業安定法（職安法），雇用保険法（雇保法）などが代表的な法分野となる。

　第 4 は，以上の雇用関係，労使関係，労働市場からなる労働関係から発生する紛争を解決する労働紛争解決法と呼ばれる法分野である。この領域に属する法律としては，労組法や労調法があるが，最近では，個別労働関係紛争の解決の促進に関する法律（個別労働紛争解決促進法）などが整備されるに至っている。

（2）労働法と憲法

　わが国において，今日の労働法にあたるものが制定されたのは，第二次大戦後のことである。1945年に労組法，1946年に労調法，1947年に労基法が立法化された。

　憲法27条は，国民に勤労の権利を保障し（憲法27条 1 項），賃金や労働時間といった労働条件の基準を法律で定めるとしている（同条 2 項）。また，憲法28条では，勤労者（労働者）の労働基本権（団結権，団体交渉権，団体行動権の労働三権）を定めて，労働条件を使用者と労働組合

との交渉で決定させることとした。そして，憲法27条 2 項に基づいて労基法が制定され，憲法28条に基づいて労組法と労調法が制定され，これら 3 つの法律を端緒に現在の労働法が形成された。

（3） 労働法の実効性確保

労働法が必要に応じた法的な介入を定めたとしても，その実効性を確保できなければその意義は限られてしまう。そこで労働法は，次のような仕組みで法律の実効性を担保している。

1 ）刑事制裁

労基法は，同法の違反に対して刑罰を科すことができる（労基法117条）。労基法は刑事制裁という強力な手段によって法の実効性を確保している。これは，労基法のみならず，最賃法，労働安全衛生法（安衛法）など労働者保護の性格が強い分野についても，罰則によって実効性の確保が図られている。

2 ）私法的規制

労基法は，労働契約の内容を塗り替える私法上の効力を有する。労基法13条は，この法律で定める基準に達しない労働条件を定める労働契約は，その部分については無効とし，無効となった部分はこの法律で定める基準によると規定している。これは「強行的効力」と呼ばれるもので，無効となった部分を補充する効力を「直律的効力」と呼ぶ。つまり，当事者が労働契約の内容を自由に取り決めたとしても，法律に反するものについては，強制的に契約の内容を塗り替える効力を労基法は備えているということである。

3 ）労働基準監督制度

労基法は，その実効性を担保するために，専門的な行政機関による指導監督の権限を規定している。厚生労働省に労働基準局が設置され，各

都道府県に都道府県労働局，都道府県管内に労働基準監督署が設置されている。労働基準監督官は，事業場の臨検書類提出，要求尋問を行うことができ（労基法101条），労基法違反に対して刑事訴訟法上の司法警察権の職務権限を行使することができる（同102条）。使用者が労働基準監督署に対する労基法違反の申告を理由として，労働者を不利益に取り扱うことは禁止される（同104条）。

（4）権利の実現

労働法を学ぶ意味は，自分の置かれている状況を認識し，権利を実現するところにあるといえよう。たとえば，いわゆる「ブラック企業」といわれるような，悪質な企業と自分が直面したときや，また，友人が労働問題のトラブルに直面しているときに，労働法を知っているかどうかで，その対処法は大きく違ってくる。

まずは，労働法などの働く上でのルール（ワークルール）を知り，自分のおかれている状況を理解できるようになることが必要である。現状では，ワークルールを学ぶ機会がないために，自分のおかれている状況を認識できないという状況が生まれている。

ある調査では，働く上でのルールの認知度を尋ねた質問において，「賃金は1分単位で計算される」，「着替えなど準備の時間でも賃金は発生する」，「半年働けば有給休暇が取れる」といったワークルールを知らない人も多いという。アンケートに答えた学生の意見として，大学等の入学時のガイダンスでの説明や講演会の開催や高校や大学の授業で教えてほしいといった声もある。

また，会社側もワークルールを理解する必要がある。政府が推進する「働き方改革」とコンプライアンス重視の流れもあり，「ブラック企業」に対する世間の目は厳しくなっている。会社の利益だけを重視するので

はなく，労働環境を整備することは，企業の価値にとってプラスに働く。人材を長期で育成することには大きなメリットがある。

　そして，自分の権利が侵害されたときには，法律によって自動的に守られるというものではないことを知っておく必要もあるだろう。権利を実現するためには，自らがルールを理解し，自分が置かれている立場・状況を認識すること，また，権利を実現するために適切な行動を行うことが重要である。

　働く人を守るのが労働法の1つの役割である。労働法について学び，社会の現実の動きを知ることが，みなさん自身を守ることにつながるのである。

1　労働法はなぜ必要なのか。その理由を整理してみよう。
　2　労働法がない世界はどのようなものであったか。考えてみよう。
　3　労働法は現在，どのような法領域があるか。整理してみよう。

参考文献

・小林多喜二『蟹工船』（新潮社，1953年）

・細井和喜蔵『女工哀史』（岩波文庫，1980年）

・Russell Freedman, 1994, *KIDS AT WORK*.（＝ラッセル・フリードマン（千葉茂樹訳）『ちいさな労働者―写真家ルイス・ハインの目がとらえた子どもたち』（あすなろ書房，1996年））

2 | 日本的雇用と労働条件決定

《**目標＆ポイント**》 わが国の日本的雇用とよばれる雇用慣行は，どのように形成され，どのような変化に直面しているのか。また，労働条件はどのように決定されるのか。ここでは，日本的雇用の特徴，労働条件決定システム，労働法の適用対象について検討する。

《**キーワード**》 日本的雇用，労働契約，就業規則，労働協約，労働者，使用者

1. 日本的雇用とその変容

（1）日本的雇用とは

わが国の雇用システムの特徴とされてきたのは，長期雇用を前提とした日本的雇用とよばれるものである。日本的雇用では，企業内で長期的に育成・教育を行う労働者を企業の中核に位置づけ，「正社員」もしくは「正規従業員」としての「身分」を付与する。この正社員の登用は，新規学卒者の新卒一括採用を基本とする。

戦後，日本的雇用の形成には，判例法理による独特の正社員保護の仕組みも寄与してきた。日本的雇用は，長期雇用慣行，年功賃金，企業別労働組合の3つを特徴としている。日本的雇用は，一言でいえば長期的な信頼関係を重視するシステムであり，従事する職務に関係なく賃金は年功的に上昇し，貢献度は必ずしも加味されないことで，日本の高度経済成長期と重なって適合的な雇用システムとして確立した。

日本的雇用は，使用者の指揮命令を受けて働くことを前提として，正

社員に対して適切な教育訓練を施すインセンティブを企業に与え，配置転換などで柔軟に組織変動を行うことで，組織としての適応能力を発揮することを可能とするものであった。労働条件の決定は，就業規則の包括的合意や労働協約などの集団的合意に基づいて行われ，労働契約の役割は限定的であった。

　雇用にするメリットとしては，請負などとは違い，仕事をさせるときに契約をその都度結ぶ手間を省くことができ，労働契約に基づいて労働力の提供を受けることができる。また，雇用の場合には，長期的な関係を結んで雇用保障を付与することにより，労働者の忠誠心を得ることができるというメリットもある。

（2）日本的雇用の展開

　日本的雇用の展開は大きく4つの時代に区分できる。

　その1は，戦後復興期である。この当時，労働争議が激しく行われたが，その後は協調的な労使関係の構築がなされるようになった。また，解雇撤廃闘争などが行われるようになったことで，企業も解雇を回避するようになり，少しずつ年功的な賃金を形成するようになった。

　その2は，高度経済成長期である。高度経済成長期には，労働者側が求める安定雇用と年功賃金が実現するようになり，ブルーカラーにおいてもホワイトカラーと同様に，異動と昇進がなされるようになった。ブルーカラーにとっても，異動は栄転とみなされた。団体交渉は，主に春闘に集約され，労使協議制度が一般化するようになった。

　その3は，安定成長期である。日本的雇用システムは高度経済成長期の成長により，安定的な展開を見せることになる。

　その4は，平成不況期である。バブル崩壊は，日本的雇用の根幹に影響を及ぼした。それは正社員と非正規社員の雇用格差を拡大することで

人件費を圧縮し，それによりこれまでの雇用システムの維持を図ろうとするものであった。

（3）日本的雇用の変容

　こうした日本的雇用は変容しつつあるといわれる。非正規雇用の割合が高まるとともに，労働市場も変化しつつある。労働市場の変化としては，①長期雇用の縮小と流動化の予測，②年功的処遇から能力主義的処遇へ，③働き方の多様化・柔軟化，④労働力の減少，女性・高齢者・障害者の労働参加，⑤ピラミッド型のタテ社会からネットワーク型のヨコ社会へ，といった傾向がかつてから指摘されていた。

　現在では，わが国においても，第四次産業革命とよばれる産業構造の変化が確実に進行している。IoT，ビッグデータ，人工知能，ロボットの進展が指摘されている。こうした変化は，労働時間の長さで管理する労務管理が適合しないケースも生じるとともに，AI化・技術革新で距離や時間の制約が小さくなり，個人間でモノやサービスをスムーズに取引することが可能となる。

　こうした労働市場の変化により，インターネットを使ったフリーランスなどの「自営的就労」が広がる可能性がある。働く側は，柔軟なスケジュールを組むことが可能になり，自分の求めるライフスタイルを実現しやすくなる。一方，企業側では，職務や作業ごとにモジュール化して，プロジェクトに必要な能力を必要な時間だけ活用できることで，仕事の質を担保しつつ人件費を削減することも可能になる。わが国においても，ネット上で仕事を受注するクラウドワーカーの増加が指摘されており，この傾向はより強まることが予想される。

　とはいえ，わが国の雇用システムは依然として日本的雇用の特徴を色濃く反映している。労働条件決定も日本的雇用の特徴を有する。そこで

次に，労働条件決定についてみていくことにしよう。

2. 労働条件の決定と変更

(1) 労働条件決定システム

働く際には，まず労働条件が法的にどのように決まるかを知っておくことが重要である。労働契約，法令，就業規則，労働協約の役割と相互の関係を理解しておこう。

1) 労働契約

労働者と使用者の関係は，法的には，個々の労働者と使用者の間の「労働契約」に基づくものである。正社員として働くときはもちろん，アルバイトとして働く場合にも，労働契約を締結してから働くことになる。

労働契約というのは，労働者が使用者に使用されて労働し，使用者がこれに対して賃金を支払うことを約束する契約である（労契法 6 条）。民法上は雇用契約とよばれている（民法623条）。

労働契約の内容については，労働者と使用者の合意で決めることが基本になる。だれと契約するか，またどのような内容の契約をするかは，原則として当事者が自由に決めることができる。これを「契約自由の原則」という。この契約内容は，契約書や面接時の発言内容から判断される。たとえば，労働者が面接時に，「親の介護のために札幌を離れることはできません」と述べて，使用者がそれを認めた場合には，勤務地は札幌に限定されることになる。

労働契約の内容となる権利や義務は，明示の合意だけでなく，黙示の合意でも発生する。たとえば，ある会社で年 1 回の賞与を支給する慣例がずっと続いている場合，このことは契約書や会社の規則に書かれていないとしても，年 1 回の賞与が支給されるという黙示の合意が成立して

いると認められる場合がある。長期間にわたって一定の措置がなされていた場合には，それが契約の内容になることがある。

2）労基法などの法令

労働契約の内容は，「契約自由の原則」に基づいて，当事者が自由に決めていいわけであるが，現実には，使用者の立場が強く，契約内容を使用者が一方的に決めてしまうことも少なくない。歴史的にも，労働者が劣悪な労働条件の下で働かされるという事態が生じた。そこで，適正な労働条件の確保のために，労働法は，労基法などの法律により「契約自由の原則」を修正し，労働条件の確保を図っている。

代表的な法律としては，労働条件の最低基準を定める労基法がある。労基法は，賃金や労働時間など労働条件の最低基準を定める法律である。労基法に違反した場合には，刑事罰が科される（労基法117条以下）。

労基法は，当事者の合意の有無や内容にかかわらず，その法律のルールが適用される「強行法規」である。労基法は，労基法の基準に達しない労働条件を定める労働契約は，その部分については無効となり，無効となった部分は，労基法の基準で定める基準によると規定している（同13条）。たとえば，労基法は，法律上の労働時間上限を1日8時間，週40時間と定めているが（同32条），労働時間を1日10時間，週50時間として労働契約を締結したとする。この場合，この契約は労基法32条に違反する部分は無効であり，労基法の規定に基づき1日8時間，週40時間に修正されることになる。

賃金については，最賃法が賃金の最低基準を定めている。最賃法の基準を下回る契約も，その部分については無効となる（最賃法4条2項）。たとえば，労働者が最低賃金を下回る賃金で労働契約を締結した場合，最低賃金を下回る契約の部分については無効となり，最賃法の定める賃金額が契約の内容となる。

　労働契約において，労基法等の最低基準を上回る労働条件を定めた場合，その契約内容は有効となる。最低賃金を上回る労働条件で労働契約を締結した場合，これは最賃法の基準を上回っているので，契約内容として有効なものとなる。

　なお，労基法は，労使協定，労使委員会の決議等で定める範囲内において，労基法の一部の規定の適用を解除する仕組みを定める。

　労使協定とは，事業場の労働者の過半数を組織する労働組合がある場合にはその労働組合，それがない場合には労働者の過半数を代表する者との書面による協定のことをいう。たとえば，賃金全額払原則の例外（労基法24条1項），法定労働時間を超える労働に関する例外（同36条），専門業務型裁量労働制の導入（同38条の3），年次有給休暇（年休）の付与方法に関する例外（同39条6項）など，労基法上に明文で定められている場合に，労使協定の締結等を行うことにより例外的な取扱いが許容される。労使委員会の決議とは，事業場の労働条件の調査審議を行う労使半数ずつで組織された委員会の委員の5分の4以上の多数による決議である。たとえば，企画業務型裁量労働制の導入（労基法38条の4）において労使委員会の決議が求められている。

3）就業規則

　就業規則とは，使用者が作成する職場規律や労働条件を定める規則のことである。常時10人以上の労働者を使用する使用者は，就業規則の作成を義務づけられている（労基法89条）。多くの職場で就業規則が存在しており，就業規則によって労働条件が決まっている。

　就業規則は，職場の最低基準としての役割を担っている。労契法には，「就業規則で定める基準に達しない労働条件を定める労働契約は，その部分については，無効とする。この場合において，無効となった部分は，就業規則で定める基準による」と規定されている（労契法12条）。

つまり，労働契約の労働条件が就業規則のそれよりも低い場合には，就業規則の労働条件が契約内容となるわけである。

　たとえば，初任給について就業規則が22万円という規定があり，その一方で入社時の労働契約で20万円と約束した場合，その人の初任給は22万円になる。では，逆のケース，就業規則が20万，労働契約で22万円と約束した場合はどうか。この場合，就業規則よりも有利な労働契約の内容が優先され，その人の初任給は22万円となる。

４）労働協約

　労働組合がある職場では，賃金などの労働条件について話し合いをして，労働条件などについて取り決めることがある。労働条件その他の労働者の待遇に関して，労働組合と使用者が団体交渉を行い，締結した協定のことを「労働協約」という（労組法14条）。

　労働組合と使用者の間で労働協約が締結されている場合には，労働協約の基準が契約内容を規律する強い効力が認められている。労組法は，「労働協約に定める労働条件その他の労働者の待遇に関する基準に違反

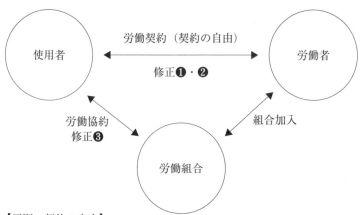

【原則：契約の自由】
修正❶……労働基準法・最低賃金法などの規定（労働基準法13条）
修正❷……使用者が作成した就業規則（労働契約法12条）
修正❸……使用者と労働組合が締結した労働協約（労働組合法16条）
図2-1　労働法制の仕組み

する労働契約の部分は，無効とする。この場合において，無効となった部分は，基準の定めるところによる。労働契約に定めがない部分についても，同様とする」と規定している（同16条）。このように，労働協約で労働条件が定められた場合，労働契約は労働協約の基準にまで修正されることになる。この効力は，「規範的効力」とよばれている。

　規範的効力は，原則として労働組合員だけに及ぶ。ただし，労働協約が同種の労働者の4分の3以上へ適用されている場合には，組合員以外にも労働協約が適用される（同17条）。

　労働協約については，労働契約の内容よりも不利な労働協約であっても，労働組合を通じて労働条件を決定するという団体交渉制度の趣旨から，不利益な変更についても原則として規範的効力が及ぶと解する立場が有力である。

5）相互の関係

　このように，労働条件は4つの関係によって決まっている。すなわち，①労働契約，②労基法などの法令，③就業規則，④労働協約によって労働条件が決まる。

　では，労働条件の具体的内容がそれぞれで違う定めがある場合，その効力関係はどのようになるか。

　まず，労基法などの法令が労働条件の最低基準になる。法令に反する労働契約，就業規則，労働協約は無効となる（労基法13条，92条）。

　労働協約がある場合には，有利不利を問わず，原則として労働協約が優先する。すなわち，労働協約に違反する就業規則，労働契約は無効となる（労基法92条，労組法16条）。

　労働協約がない場合は，就業規則が職場の最低基準となる。就業規則で定める基準に達しない労働条件を定める労働契約は，無効となる（労契法12条）。他方，労働契約が就業規則より有利な条件を定めていた場

合には，労働契約が優先する。このように，労働協約がない場合には，労働条件の有利な方が優先される。

（2）労働条件の変更

1）労働条件の変更方法

経営状況等により労働条件の変更が行われることもある。労働条件の変更方法としては，次の3つのものがある。

第1は，個々の労働者と合意により，労働契約を変更する方法である（労契法8条）。これは労働者一人ひとりとの同意で労働条件を変更するものなので，同意した者だけが労働条件が変更される。もっとも，使用者が労働条件を不利益に変更する提案をした場合，労働者がその提案を拒否することは容易ではないことから，裁判例には，労働者の同意は慎重に判断する必要があると述べるものがある。

第2は，労働組合と団体交渉を行い，労働協約を締結する方法である。労働協約には規範的効力があるので，これに基づき，労働条件を変更することができる（労組法16条）。ただし，労働協約は原則として労働組合の組合員にのみ適用され，非組合員には適用されない。

第3の方法が就業規則の変更である。上記の方法と異なり，就業規則による変更は，労働条件を統一的かつ効率的に変更できる手段であるということができる。

2）就業規則の変更方法

では，就業規則による労働条件変更についてここで確認しよう。

まず，最高裁は，秋北バス事件（最大判昭43・12・25民集22巻13号3459頁）において，「新たな就業規則の作成又は変更によって，既得の権利を奪い，労働者に不利益な労働条件を一方的に課することは，原則として，許されないと解すべきであるが，労働条件の集合的処理，特にその

統一的かつ画一的な決定を建前とする就業規則の性質からいって，当該規則条項が合理的なものである限り，個々の労働者において，これに同意しないことを理由として，その適用を拒否することは許されない」と判示した。つまり，就業規則により労働条件を不利益に変更することは原則として許されないが，例外的に合理性があれば変更できるという判断枠組みを提示した。

　その後，就業規則の不利益変更の合理性を認めた判例としては，複数の農協組織の合併にともない退職金支給率を引下げて統一した事案（大曲市農協事件・最三小判昭63・2・16労判512号7頁），定年を55歳から60歳まで延長する際に，55歳以降の賃金を削減した事案（第四銀行事件・最二小判平9・2・28労判710号12頁），週休2日制を導入し，1日の労働時間を延長した事案（羽後銀行事件・最三小判平12・9・12労判788号23頁）がある。また，合理性を認めなかった判例としては，55歳以上の管理職を専任職に移行し，賃金を3割以上引下げた事案（みちのく銀行事件・最一小判平12・9・7労判787号6頁）がある。

　労契法では，このような判例法理をふまえ，条文化がなされた。まず，労契法9条は，「使用者は，労働者と合意することなく，就業規則を変更することにより，労働者の不利益に労働契約の内容である労働条件を変更することはできない」と定めている。これは，就業規則による労働条件の変更については，原則として労働者の同意が必要となることを確認したものである。労働条件の変更には当事者の合意を必要とする合意原則の考え方を基本としている（労契法3条1項，8条）。これが原則にあたる考え方である。判例は，労働者が自由な意思で同意しているかどうかは，「労働者の自由な意思に基づいてされたものと認めるに足りる合理的な理由が客観的に存在するか否か」という観点から判断されるべきとしている（山梨県民信用組合事件・最二小判平28・2・19民

集70巻2号123頁）。

　そして，使用者が，労働者と合意することなく，就業規則によって労働条件を変更する場合について，労契法10条が次のように規定している。これが例外にあたる考え方である。すなわち，「変更後の就業規則を労働者に周知させ，かつ，就業規則の変更が，労働者の受ける不利益の程度，労働条件の変更の必要性，変更後の就業規則の内容の相当性，労働組合等との交渉の状況その他の就業規則の変更に係る事情に照らして合理的なものであるときは，労働契約の内容である労働条件は，当該変更後の就業規則に定めるところによるものとする」と定めている。これは判例法理の考え方を条文化したものである。

　合理性は，以下の諸要素を総合考慮して判断され，これが認められると変更後の就業規則に労働契約を規律する効力が認められることになる。個別にみると，次のような点が重視される。

　　ア　労働者の受ける不利益の程度：就業規則の変更によって個々の労働者が被る不利益の程度をいい，これが大きいと合理性が否定される可能性が高くなる。

　　イ　労働条件の変更の必要性：使用者が現在の労働条件を維持することが困難な事情であるが，賃金・退職金等，重要な労働条件の変更には，高度の必要性が要求されている。

　　ウ　変更後の就業規則の内容の相当性：変更後の就業規則自体の相当性，代償措置その他の労働条件の改善状況，同種事項に関する一般的状況が考慮される。

　　エ　労働組合等との交渉の状況：問題となっている労働組合のみならず，その他の組合，あるいは労働者個人との交渉の経緯をいう。

　　オ　その他の就業規則の変更に係る事情：アないしエ以外に関する事実についても考慮すべき事情となる。

　このように，労契法10条は，就業規則の不利益変更の有効性判断にあたり，就業規則を周知させたこと，就業規則の変更が合理的であることという 2 つの要件によって判断することを明らかにしている。合理性から判断するということになると，労使間の利益調整が事案ごとに実現できるというメリットもあるが，どのような場合に合理性があるのか予測可能性が乏しく，その判断が容易ではないところがこの法理の欠点であるともいえる。

3．労働契約の当事者

　労働契約は，労働者と使用者の間の契約である。法律の適用範囲は，「労働者」と「使用者」という概念によって決めているが，ひとことに「労働者」，「使用者」といっても，法律によってその考え方が異なる。労働者と使用者の概念について考えてみよう。

（1）労働者

1）労基法・労契法上の労働者

　労働法上の保護を受けることができるのは，「労働者」である。どのような人が労働者にあたるのかいう点は，きわめて重要な問題である。労基法は，「この法律で『労働者』とは，職業の種類を問わず，事業または事務所（以下「事業」という。）に使用される者で，賃金を支払われる者をいう」と定義している（労基法 9 条）。この定義にあてはまる働き方をしていれば，職業の種類を問わないのであるから，正社員だけでなく，アルバイトやパートタイマー，派遣社員，契約社員などの形式で働く人についても，「労働者」として労基法のルールが適用される。この労基法 9 条の「労働者」の定義は，最賃法（ 2 条），労働安全衛生法（ 2 条 2 項），労災保険法（ 1 条）などの法律の「労働者」の定義と

しても使われる。

　労契法は，労基法の定義を基本的に継承して，「この法律において『労働者』とは，使用者に使用されて労働し，賃金を支払われる者をいう」と定義している（労契法2条1項）。労基法の定義と共通しており，基本的には，労基法上の「労働者」の定義と同一と理解されている。

　労働者であるかどうかは，①「使用」されていること，②「賃金」を支払われていることの2つの要件をみたすかどうかによって判断される。ここでいう「使用」されるとは，「労働者が使用者の指揮命令に服して労働すること」を意味すると解されている。また，「賃金」とは，名称の如何を問わず，労働の対償として使用者が支払うすべてのものをいう（労基法11条）。ボランティアなど無償で労働を提供する者は，ここでいう「労働者」には該当しない。

　労働者性の判断は，使用者の指揮監督下で行われる定型的な働き方であれば比較的容易である。しかし，最近では雇用形態が多様化し，労働者性の判断が難しいケースも増えている。指揮監督下の労働といえるかどうかは，具体的には，①仕事の依頼，②業務従事の指示等に対する諾否の自由の有無，③業務遂行上の指揮監督の有無，④場所的・時間的拘束性の有無，⑤他の者との労務提供の代替性の有無などの点から評価される。「賃金」の支払いについては，⑥報酬が労務の対償といえるかが評価される。さらに，労働者性の判断を補強する要素として，⑦機械・器具の負担関係，⑧報酬の額，専属性の程度，公租公課の負担関係等が挙げられる。

　では，保険会社の外務員や電力会社の検針員などのように，請負や委任などの形態で働いている場合，それらの働き方は労働者といえるか。請負とは仕事の完成を目的とした契約（民法632条）であり，委任とは一定の労務を相手方に委ねることを目的とした契約である（同643条）。

そうした契約の場合，労働契約を締結しているわけではない。

　労働者に該当するかどうかは，契約の形式にとらわれず，労務給付の実態に即して労働者性の有無を判断すべきこととされている。労基法は強行法規であるので，当事者の合意や契約形式を重視することは，簡単に法律の適用をまぬがれることができてしまうため，このような考え方をとっている。

2）労組法上の「労働者」

　労組法は，労働者について，「職業の種類を問わず，賃金，給料その他これに準じる収入によって生活する者」と定義している（労組法 3 条）。労組法上の労働者の定義は，労基法上の労働者の定義と異なるが，これは立法趣旨を異にするからである。労組法上の労働者は，団体交渉を中心とした労組法上の保護を及ぼす必要のある人の範囲を画定するための概念であり，その趣旨から，労基法上の労働者より広い概念として理解されている。たとえば，労基法上の労働者にはあたらないとされているプロ野球選手や家内労働者，失業者などは，労組法上の労働者に含まれる。また，最高裁は，オペラ合唱団員や，業務委託契約で働く機器修理技術者の事例において，労組法上の労働者性を肯定している（新国立劇場運営財団事件・最三小判平23・4・12民集65巻 3 号943頁，INAX メンテナンス事件・最三小判平23・4・12労判1026号27頁，ビクターサービスエンジニアリング事件・最三小判平24・2・21民集66巻 3 号955頁）。

（2）使用者

1）労基法・労働契約上の使用者

　労働者と労働契約を締結するもう一方の当事者が使用者である。使用者の考え方も，法律によって異なる。

　労契法は，「その使用する労働者に対して賃金を支払う者をいう」と定義している（労契法2条2項）。原則として，直接の契約関係にある当事者が使用者にあたるが，労働契約上の使用者としての責任を負う主体は，必ずしも形式的な契約上の当事者に限られるわけではない。直接的な契約関係がない場合であっても，使用者の責任が問題となる場合がある。

　たとえば，派遣社員や出向社員と受け入れ企業との間に，黙示の労働契約が成立していると認められる場合である。また，いわゆる親子会社の関係では，親会社が子会社を一事業部門として完全に支配しているなど，子会社の法人格が完全に形骸化していると評価される場合や，親会社が違法な目的で子会社の法人格を利用している場合には，親会社が子会社従業員の労働契約上の使用者とされることがある。

　労基法では，使用者の概念が違う意味で使われている。労基法は，使用者について，①事業主，②事業の経営担当者，③その他その事業の労働者に関する事項について，事業主のために行為をするすべての者をいうと定義している（労基法10条）。労基法の定義する「使用者」は，労基法上の規制について責任を負い，同法違反に対して罰則の適用を受ける者を対象としている。労基法に違反する行為をしたときは，事業主に対して罰則が科せられることがあることはもちろん，労基法違反の行為を行った個人についても罰則の対象になることもある。

2）労組法上の使用者

　労組法には，使用者の定義規定がないが，労組法上の使用者は，不当労働行為制度の目的に照らして，労働契約関係にある者だけではなく，それ以外のものをも含む概念として理解されている。

　労働組合との団体交渉に応諾すべき義務（団交応諾義務）を負う使用者かどうかがこの問題の典型例である。判例は，労組法7条にいう「使

用者」は，雇用主以外の者であっても，当該労働者の基本的な労働条件等に対して，雇用主と部分的とはいえ同視できる程度に現実的かつ具体的な支配力を有しているといえる場合には，その同視できる限りにおいて労組法 7 条の「使用者」と解している（朝日放送事件・最三小判平 7 ・ 2 ・28民集49巻 2 号559頁）。

1　日本的雇用の特徴は何か。

2　わが国において，労働条件決定で主要な役割を担っているのは何か。就業規則は誰がどのように決定しているか。

3　労働法が適用される「労働者」と「使用者」はどのような概念か。

参考文献

・菅野和夫・諏訪康雄「労働市場の変化と労働法の課題―新たなサポート・システムを求めて」日本労働研究雑誌418号（1994年）2頁

・濱口桂一郎『新しい労働社会―雇用システムの再構築へ』（岩波新書，2009年）

・日本労働法学会編『講座労働法の再生第1巻　労働法の基礎理論』（日本評論社，2017年）

3 | 労働契約の成立

《**目標＆ポイント**》 労働者と使用者の関係は，労働契約を締結することによって成立する。わが国では，長期雇用システムの一環として「新卒一括採用」が行われてきたが，今日では，中途採用や通年採用を行う企業も増えている。使用者は，採用の際にどのような理由で選考してもいいのだろうか。また採用内定を取り消すことは許されるのだろうか。労働者の立場からは，労働条件をきちんと明示してもらうことも重要である。本章では，労働契約の成立をめぐる法的問題について検討する。

《**キーワード**》 労働契約，採用の自由，採用内定，試用期間，労働条件明示

1．採用の自由

（1）採用の自由

　市場経済においては，どの会社で働くか，どのような職種につくのか，労働者にその選択の自由が認められている。これと同様に，使用者にも採用の自由がある。雇用の場面においても，「契約自由の原則」があてはまり，契約を締結するか否かの自由が保障されている。

　最高裁は，企業者は，憲法22条，29条等において保障されている経済活動の自由の一環として，契約締結の自由を有しており，自己の営業のために労働者を雇用するにあたり，いかなる者を雇い入れるか，いかなる条件でこれを雇うかについて，法律その他による特別な制限がないかぎり，原則として自由にこれを決定することができると判断している（三菱樹脂事件・最大判昭48・12・12民集27巻11号1536頁）。これは，特

定の思想・信条を有する者をそのことを理由に採用拒否しても当然に違法とすることはできないという立場にたつものである。最高裁は，その理由として，憲法14条，19条は国または地方公共団体と個人との関係を規律するものであり，私人（会社と労働者）の関係を直接規律することを予定するものではないこと，労基法3条は，労働者の信条によって賃金その他の労働条件につき差別をすることを禁止しているが，これは，雇入れ後における労働条件についての制限であり，雇入れそのものを制約する規定ではないことをあげている。

（2）法律による採用の規制

もっとも，「法律その他による特別の制限」がある場合には，採用の自由も制限される。

まず，募集および採用に関して，性別による差別を行なうことは禁止されている（均等法5条）。具体的には，①募集・採用にあたって，その対象から男女のいずれかを排除すること，②募集・採用にあたっての条件を男女で異なるものとすること，③採用選考において，能力および資質の有無等を判断する場合に，その方法や基準について男女で異なる取扱いをすること，④募集・採用にあたって男女のいずれかを優先すること，⑤求人の内容の説明等募集または採用に係る情報の提供について，男女で異なる取扱いをすることなどが違反にあたる。また，身長，体重，体力，あるいは転勤を採用条件とすることを禁止している（均等法7条，均等則2条）。

次に，募集および採用にあたり，労働施策総合推進法は，年齢に関わりなく均等な機会を与えるよう義務づけている（労働施策総合推進法9条）。ただし，定年年齢を上限として，その上限年齢未満の労働者を期間の定めのない労働契約の対象として募集・採用する場合や，長期勤続

によるキャリア形成を図る観点から若年者等を期間の定めのない労働契約の対象として募集・採用する場合，技能・ノウハウの継承の観点から，特定の職種において特定の年齢層に限定して採用する場合などについては，その例外として年齢制限をつけることも認められる（労働施策総合推進法施行規則1条の3第1項）。事業主が募集・採用する際に，やむをえない理由で65歳未満の上限を設定することは許されるが，その場合には，その理由を明示する必要がある（高年法18条の2）。

　この他に，組合所属等を理由とする採用差別は不当労働行為として禁止されている（中労委（青山会）事件・東京高判平14・2・27労判824号17頁）。障害者雇用促進法では，事業主に一定の比率で障害者を雇用すべきことを義務づけている。

　使用者には採用の自由が広く認められているが，だからといって企業が採用面接の際に何を聞いてもよいということにはならない。本籍地や家族構成などの本人に責任のない事柄や，本来自由であるべき思想信条に関わる事柄について質問することは適切とはいえず，使用者には，採用基準を適切に設定したうえで，採用面接を実施することが求められている。

2．採用内定，試用

（1）採用内定

　わが国では，新規学卒者の採用に際しては，在学中に「内定」して卒業後に「正式採用」とすることが慣行になっている。採用内定の前に，採用担当者から採用を通知する「採用内々定」によって学生を事実上確保することが一般的な流れである。

　採用内定については，労基法にも労契法にも規定はない。判例で争われてきたのは，企業側からの採用内定の取消しに関する問題であり，そ

ういった判例において採用内定の法的性質が議論された。

　判例は，採用内定によって労働契約の成立を認める見解を採用している（大日本印刷事件・最二小判昭54・7・20労判323号19頁）。すなわち，判例によれば，採用内定の法的性質は事実関係に則して判断されるべきであるが，通常の新卒者の内定の場合は，①企業の募集は労働契約の申込みの誘引にあたり，②これに対する応募は労働契約の申込みになり，③会社からの内定通知は，申込みに対する承諾となるとし，内定により始期付解約権留保付労働契約が成立すると判断している。これにより，留保された解約権の行使である内定取消しは解雇に類似するものとして，内定者は，使用者からの不当な内定取消しに対し，損害賠償とともに地位確認を請求することができるとしている。

　ところで，始期については，「就労の始期」を定めた労働契約の成立を認める判例（大日本印刷事件・最二小判昭54・7・20労判323号19頁）と「効力の始期」を定めた労働契約の成立を認める判例（電電公社近畿電通局事件・最二小判昭55・5・30労判342号16頁）の2つの考え方がある。就労の始期と考えると，労働契約の効力は契約の締結時に発生していることになる。これに対し，効力の始期と考えると，契約の効力が入社日に発生することになる。どちらの契約が成立したかは事実関係によるが，内定者の地位が学生である場合には，原則として，効力始期付労働契約が成立すると解するべきであろう。

　採用内定の前に行なわれる内々定というものがある。名称は内々定であっても，通知を受けたときの状況，時期，通知の具体的内容や説明，当事者間の認識などから，実質的に内定と評価できる場合もある。裁判例には，内々定は，正式な内定とは明らかに性質を異にするものであって，始期付解約権留保付労働契約が成立したものとはいえないが，採用直前に内々定を取り消すことは，労働契約締結過程における信義則に反

し，原告の期待利益を侵害するものとして不法行為を構成するとしたものがある（コーセーアールイー（第2）事件・福岡高判平23・3・10労判1020号82頁，同事件・福岡地判平22・6・2労判1008号5頁）。

コラム 新卒一括採用の今後

　わが国では長期雇用システムが長らく行われてきた。それは，若年者が，学校卒業後，企業に入社して，当該企業あるいは企業グループに入って定年まで雇用継続し，キャリアを発展させる雇用関係を典型としたものである。こうした雇用慣行は，長期雇用システムの確立とともに，若年労働者の確保のために継続されてきた。

　こうした新卒一括採用は，企業側からすれば，採用コストの節約，同期集団の形成といったメリットがある。また，求職者からすれば，学業修了直後の無職のリスクを低下できるといったメリットがある。しかし，新卒一括採用の負の側面としては，高い離職率が上げられる。

　近年では，中途採用の増加や通年採用を行う企業も増えている。また，良質な雇用機会の減少が，若年者の早期離職の要因となっている。伝統的な日本的企業が縮小しつつある中，新規一括採用の見直しを含めた議論が行われている。経団連は，2021年4月入社分から「採用選考に関する指針」を廃止するとの方針を表明し，今後は政府主導で採用方針を決定する見込みである（2020年10月現在）。特定の職務や必要な専門能力に着目した採用も行われており，こうした取り組みは，企業側にとっては採用基準を明確にしやすく，求職側にとってもミスマッチが生じにくいものとなりうる。

（2）採用内定の取消し

　採用内定が取り消された場合，内定者には大きな不利益が生じる。企

業による内定取消しは，すでに成立した労働契約の一方的な解約（解雇）であり，それが適法と認められるのは，「内定当時知ることができず，また知ることが期待できない事実であって，これを理由として採用内定を取消すことが解約権留保の趣旨，目的に照らして客観的に合理的と認められ社会通念上相当として是認」することができる場合にかぎられる（前掲・大日本印刷事件）。

　具体的には，学校を卒業できなかった場合，就労可能性がなくなるほど健康状態が悪化した場合，犯罪行為によって現行犯逮捕された場合，履歴書等に重大な虚偽があった場合などである。

　経営状況の悪化を理由とする内定取消しについては，いわゆる整理解雇法理（第10章参照）に基づいて，その相当性が判断されている。裁判例には，人員削減の必要性や内定の取消回避のための努力は認められるものの，会社の内定取消しの前後の対応に誠実性が欠如している点があり，労働者側が被る著しい不利益を考慮すれば，本件内定取消しは社会通念に照らし相当と是認することはできないと判断したものがある（インフォミックス事件・東京地決平 9・10・31労判726号37頁）。

　判例では，採用内定を取り消す理由として「グルーミー（陰鬱）」な印象だったからというのは，内定取消しとするには社会通念上，認められるものではなく，解約権の濫用であると判断されている（前掲・大日本印刷事件）。

　厚生労働大臣は，採用内定の取消しが，2 年以上連続して行われた場合や，同一年度内で10名以上に対して行われた場合などについて，企業からの採用内定取消しの報告内容を公表できる（職安則17条の 4 第 1 項）。

　他方で，学生が企業から採用内定を受けた後に行なう内定辞退は，法的に許されるのかが問題になる。内定辞退についても労働契約の解約に

あたるが，労働者側からの解約については，2週間前の予告期間を置くかぎり法的責任は生じないと解されている（民法627条1項）。ただし，内定辞退が信義に反する態様でなされた場合には，不法行為が成立する余地もある。

コラム　若年の雇用促進

　若者の雇用は，経済状況の悪化等の要因で新規採用が抑制され，非正規雇用が拡大するなど，日本の雇用社会の調整弁の1つとして機能している状況にある。日本の正社員採用は，依然として新卒一括採用が中心であり，中途採用は限定的である。新卒後の離職率は比較的高く，就職後3年以内に辞めてしまうケースも多くなっている。

　若者の雇用の問題は，統計上では，仕事に就くことができない若年無業者数に表れている。15〜39歳の若年無業者数は，2018（平成30）年で71万人であり，15〜39歳人口に占める割合は2.1%であった。若年無業者の数は，2002（平成14）年に大きく増加した後，おおむね横ばいで推移している。総務省が2017（平成29）年10月に実施した調査では，就業希望の若年無業者が求職活動をしていない理由として，病気・けがや勉強中の者を除くと，「知識・能力に自信がない」，「探したが見つからなかった」，「希望する仕事がありそうにない」といった回答がみられた。

　若年無業者が増加した要因の1つとして，企業が1990年代以降，中高年の雇用を守るために，新規採用を縮小したことが要因として指摘されている。現在も，多くの若年層が依然として雇用から排除されている状況にある。厚生労働省は「地域若者サポートステーション」において若年無業者に対する支援を行っているが，若者の能力開発やキャリア形成の機会を増やしていくことが重要である。若者の雇用促進は，わが国の雇用政策において大きな課題といえよう。

（3） 内定期間中の法律関係

　内定者は，入社までの間に集合研修の参加，通信教育受講，レポートの提出などを会社から求められることがある。このように，内定期間中に研修等が実施されることがあるが，内定者に研修等に参加する義務があるのかが問題となる。裁判例では，入社前研修への参加に合意があったとしても，学業への支障など合理的な理由がある場合には，研修参加をとりやめたいと内定者が申し出た場合は，企業は信義則上，研修を免除する義務を負うとしたものがある（宣伝会議事件・東京地判平17・1・28労判890号5頁）。

（4） 試用期間

　試用期間とは，本採用決定前の「試みの期間」であり，その間に労働者の人物，能力，勤務態度等を評価して社員としての適格性を判断し，本採用するか否かを決定するための期間である。

　試用期間についても，その法的性質が問題となる。判例では，大学卒業の新規採用者を試用期間終了後に本採用しなかった実例がかつてなかったなどの実態からすれば，本採用拒否は留保解約権の行使にあたると判断されている（三菱樹脂事件・最大判昭48・12・12民集27巻11号1536頁）。そして，試用期間中の解雇は，通常の解雇よりも広い範囲における解雇の自由が認められるが，試用期間中の解雇が許されるのは，企業が採用決定後の調査結果，または試用期間中の勤務状態等により当初知ることができず，また知ることが期待できないような事実を知るにいたった場合に，その者を引き続き企業に雇用しておくのが適当でないと判断することに合理的理由がある場合にかぎられるとしている。

　試用期間の長さは，当事者の合意によるが，3か月から6か月程度の試用期間が一般的である。しかし，試用期間が不当に長い場合には公序

良俗により無効とされる。裁判例は，入社後に 6 か月から 1 年 3 か月の見習い社員期間を設定し，その後さらに 6 か月から 1 年の試用期間を設けた事案において，合理的範囲を越えた長期の試用期間の定めは公序良俗に反し，そのかぎりにおいて無効であると判断している（ブラザー工業事件・名古屋地判昭59・ 3 ・23労判439号64頁）。

3．労働条件の明示

（1）募集・職業紹介と労働条件

　募集は，使用者みずからが行なう直接募集と，第三者に委託して行なう委託募集に分かれる。直接募集は原則として自由に行なうことができるが，委託募集の場合は，厚生労働大臣の許可（求人者が報酬を与える場合）または届出（無報酬の場合）が必要である（職安法36条）。

　職業紹介とは，求人および求職の申込みを受け，使用者（求人者）と労働者（求職者）に雇用関係の成立をあっせんすることをいう（職安法 4 条 1 項）。このような機関の代表的なものがハローワーク（公共職業安定所）であるが，1999年の職安法の改正により，民間の事業者も，一定の基準のもとに，職業紹介事業を行なうことが認められている。有料の職業紹介事業を行なうには，厚生労働大臣の許可を得る必要がある（同30条 1 項）。

　労働者が応募するかどうかの判断をするためには，労働条件が明確に示されていることが重要となる。使用者（求人者）は，募集に際して，労働者（求職者）に業務内容，賃金，労働時間その他の労働条件を明示しなければならない（職安法 5 条の 3 ）。賃金や労働時間等については，書面によって明示する必要がある。職業紹介の場合は，使用者（求人者）は求人の申込みに際して職業紹介機関に対し，職業紹介機関は紹介に際して労働者（求職者）に対して労働条件を明示しなければならな

い。

　新聞や広告などで募集を行なう場合は，使用者（求人者）は，業務の内容等を明示するにあたり，労働者に誤解を生じさせることのないように平易な表現を用いる等その的確な表示に努めなければならないとされている（職安法42条）。

（2）労働条件明示義務

　労働者と使用者の間で結ばれる労働契約は，口頭による場合でも有効に成立する。しかし，契約内容が曖昧になっていると，トラブルの原因になりかねない。そこで，労基法は，使用者に対して，労働者に労働条件を明示することを義務づけている（労基法15条1項）。特に重要な労働条件については，書面で明示する必要がある（労基則5条）。

　書面で明示することが義務づけられているのは，①契約はいつまでか（労働契約の期間に関する事項），②どこでどのような仕事をするか（就業の場所および従事する業務に関する事項），③労働時間，休憩，休日などがどうなっているか（始業および終業の時刻，所定労働時間を超える労働の有無，休憩時間，休日，休暇ならびに労働者を2組以上に分けて就業させる場合における就業時転換に関する事項），④賃金がどのように支払われるか（賃金の決定，計算および支払いの方法，賃金の締切りおよび支払いの時期ならびに昇給に関する事項），⑤辞めるときどうなるのか（退職，解雇に関する事項）である。

　さらに，短時間・有期雇用労働者には，上記事項に加えて，⑥昇給の有無，⑦退職手当の有無，⑧賞与の有無について，文書の交付（労働者の希望があればファクス，メールでもよい）により，労働者に明示することを義務づけられている（パート・有期法6条）。

　明示すべき時期は，労働契約締結時である。採用内定が行なわれる場

合には，内定の際に労働条件の明示が求められる。労働条件について
は，それを記載した労働条件通知書が交付されるのが一般的である（厚
生労働省のひな形として，図3-3）。

（一般労働者用；常用、有期雇用型）

労働条件通知書

	年　月　日
＿＿＿＿＿　殿	事業場名称・所在地 使 用 者 職 氏 名
契約期間	期間の定めなし、期間の定めあり（　年　月　日〜　年　月　日） ※以下は、「契約期間」について「期間の定めあり」とした場合に記入 1　契約の更新の有無 　［自動的に更新する・更新する場合があり得る・契約の更新はしない・その他（　　）］ 2　契約の更新は次により判断する。 　・契約期間満了時の業務量　　・勤務成績、態度　　　　・能力 　・会社の経営状況　・従事している業務の進捗状況 　・その他（　　　　　　　　　　　　　　　　　　　　　　） 【有期雇用特別措置法による特例の対象者の場合】 無期転換申込権が発生しない期間：Ⅰ（高度専門）・Ⅱ（定年後の高齢者） 　Ⅰ　特定有期業務の開始から完了までの期間（　年　か月（上限10年）） 　Ⅱ　定年後引き続いて雇用されている期間
就業の場所	
従事すべき 業務の内容	【有期雇用特別措置法による特例の対象者（高度専門）の場合】 ・特定有期業務（　　開始日：　　　完了日：　　）
始業、終業の 時刻、休憩時 間、就業時転 換（(1)〜(5) のうち該当す るもの一つに ○を付けるこ と。）、所定時 間外労働の有 無に関する事 項	1　始業・終業の時刻等 (1)　始業（　時　分）　終業（　時　分） 【以下のような制度が労働者に適用される場合】 (2)　変形労働時間制等；（　　）単位の変形労働時間制・交替制として、次の勤務時間の 　組み合わせによる。 ┌始業（　時　分）終業（　時　分）（適用日　　　） ├始業（　時　分）終業（　時　分）（適用日　　　） └始業（　時　分）終業（　時　分）（適用日　　　） (3)　フレックスタイム制；始業及び終業の時刻は労働者の決定に委ねる。 　　　（ただし、フレキシブルタイム（始業）　時　分から　時　分、 　　　　　　　　　　　　（終業）　時　分から　時　分、 　　　　　　　　　コアタイム　　　　時　分から　時　分） (4)　事業場外みなし労働時間制；始業（　時　分）終業（　時　分） (5)　裁量労働制；始業（　時　分）終業（　時　分）を基本とし、労働者の決定に委ね 　る。 ○詳細は、就業規則第　条〜第　条、第　条〜第　条、第　条〜第　条 2　休憩時間（　　）分 3　所定時間外労働の有無（　有　，　無　）
休　　日	・定例日；毎週　　曜日、国民の祝日、その他（　　　　　　　　） ・非定例日；週・月当たり　　日、その他（　　　　　　　　） ・1年単位の変形労働時間制の場合－年間　　　日 ○詳細は、就業規則第　条〜第　条、第　条〜第　条
休　　暇	1　年次有給休暇　6か月継続勤務した場合→　　　　日 　　　　　　継続勤務6か月以内の年次有給休暇（有・無） 　　　　　　　→　か月経過で　　日 　　　　　　時間単位年休（有・無） 2　代替休暇（有・無） 3　その他の休暇　有給（　　　　　　） 　　　　　　　　　無給（　　　　　　） ○詳細は、就業規則第　条〜第　条、第　条〜第　条

（次頁に続く）

図3-3　労働条件通知書

52

賃　金	1　基本賃金　イ　月給（　　　　　円）、ロ　日給（　　　　　円） 　　　　　　ハ　時間給（　　　　円）、 　　　　　　ニ　出来高給（基本単価　　　円、保障給　　　円） 　　　　　　ホ　その他（　　　　　円） 　　　　　　ヘ　就業規則に規定されている賃金等級等 　2　諸手当の額又は計算方法 　　　　　　イ（　　手当　　円　／計算方法：　　　　　　） 　　　　　　ロ（　　手当　　円　／計算方法：　　　　　　） 　　　　　　ハ（　　手当　　円　／計算方法：　　　　　　） 　　　　　　ニ（　　手当　　円　／計算方法：　　　　　　） 　3　所定時間外、休日又は深夜労働に対して支払われる割増賃金率 　　　　　　イ　所定時間外、法定超　月６０時間以内（　　）％ 　　　　　　　　　　　　　　　　　月６０時間超　（　　）％ 　　　　　　　　　　　　所定超　（　　）％ 　　　　　　ロ　休日　法定休日（　　）％、法定外休日（　　）％ 　　　　　　ハ　深夜（　　）％ 　4　賃金締切日（　　）－毎月　　日、（　　）－毎月　　日 　5　賃金支払日（　　）－毎月　　日、（　　）－毎月　　日 　6　賃金の支払方法（　　　　　　　　） 　7　労使協定に基づく賃金支払時の控除（無　，有（　　）） 　8　昇給（時期等　　　　　　　　　　　　　　） 　9　賞与（有（時期、金額等　　　　　　　），無　） 　10　退職金（有（時期、金額等　　　　　），無　）
退職に関する事項	1　定年制　（有（　　歳），無　） 2　継続雇用制度（有（　　歳まで），無　） 3　自己都合退職の手続（退職する　　日以上前に届け出ること） 4　解雇の事由及び手続 ○詳細は、就業規則第　条～第　条、第　条～第　条
その他	・社会保険の加入状況（厚生年金　健康保険　厚生年金基金　その他（　　）） ・雇用保険の適用（有，無　） ・その他 ※以下は、「契約期間」について「期間の定めあり」とした場合についての説明です。 　労働契約法第18条の規定により、有期労働契約（平成25年4月1日以降に開始するもの）の通算契約期間が通算５年を超える場合には、労働契約の期間の末日までに労働者から申込みをすることにより、当該労働契約の期間の末日の翌日から期間の定めのない労働契約に転換されます。ただし、有期雇用特別措置法による特例の対象となる場合は、この「５年」という期間は、本通知書の「契約期間」欄に明示したとおりとなります。

　使用者が，明示すべき範囲の労働条件を明示しない場合や，厚生労働省令に定められた事項について定められた方法で明示しない場合には，30万円以下の罰金に処せられる（労基法120条）。また，明示された

労働条件が事実と異なる場合には，労働者は即時に労働契約を解除することができる（同15条 2 項）。このうち，就業のために住居を変更した労働者が，契約解除の日から14日以内に帰郷する場合においては，使用者は，必要な旅費を負担しなければならない（同15条 3 項）。

　労働契約の内容については，労働者の理解を深め，できるだけ契約内容を書面で確認することにより，労働契約内容をめぐる紛争を防止することが望ましい。労契法においても，「使用者は，労働者に提示する労働条件及び労働契約の内容について，労働者の理解を深めるようにするものとする」と規定され（労契法 4 条 1 項），「労働者及び使用者は，労働契約の内容（期間の定めのある労働契約に関する事項を含む。）について，できるかぎり書面により確認するものとする」と規定されている（同条 2 項）。

　労働条件の明示との関係で問題となるのは，求人票などの労働条件と実際の労働条件が食い違う場合である。なかには，募集時の労働条件より低い労働条件を入社の段階で労働者に初めて明示して契約させる実態もある。

　裁判例では，新入社員のケースにおいて，賃金は最も重要な労働条件であり，使用者から低額の確定額を提示されても，新入社員としてはこれを受け入れざるをえないのであるから，使用者はみだりに求人票記載の見込額を著しく下回る額で賃金を確定すべきではないことは信義則上明らかであると判断されている（八洲測量事件・東京高判昭58・12・19労判421号33頁）。また，中途採用者のケースにおいて，求人票記載の賃金見込額の支給が受けられるものと信じて応募しているのであり，実際の賃金が求人票記載の見込額と比べ，社会の常識や通念に照らして著しく下回ることは不法行為を構成するとして慰謝料の支払いが命じられている（日新火災海上保険事件・東京高判平12・ 4 ・19労判787号35頁）。

54

学習 課題	1	わが国では，思想・信条を理由とする採用拒否も違法とはならないと解されているが，それはなぜか。このような解釈は妥当といえるか。
	2	日本企業は，今後も新卒一括採用を継続すべきだろうか。そのメリットとデメリットを整理しながら考えてみよう。
	3	事業主のなかには，書面で労働条件を明示していない実態がある。こうした状況を改善するには，どのような取り組みが必要だろうか。

参考文献

・萬井隆令『労働契約締結の法理』（有斐閣，1997年）
・唐津博『労働契約と就業規則の法理』（日本評論社，2010年）
・濱口桂一郎『若者と労働　「入社」の仕組みから解きほぐす』（中央公論新社，2013年）

4 | 労働契約の基本原理

《**目標＆ポイント**》 労働者は，労働契約を締結して，使用者に労務を提供して賃金を受け取る。労働契約を締結した契約当事者は，いかなる権利義務を負うのか。また，懲戒処分はどのように，その適法性が判断されるのか。ここでは，労働契約の基本原理のほか，労働契約上の権利義務，懲戒の法理などについて検討する。

《**キーワード**》 労働契約上の権利義務，競業避止義務，兼業，秘密保持義務，懲戒処分

1. 労働契約の意義

（1）労働契約とは

　労働契約とは，労働者が労務を提供することに対して，使用者が賃金を支払うことを約束する契約である。労働者は，この労働契約に基づき，使用者から指揮命令を受けて労働する義務を負い，使用者はこれに対して，労働の対価として賃金を支払う義務を負う。

　労働契約法は，労働契約について，「労働者が使用者に使用されて労働し，使用者がこれに対して賃金を支払うことについて，労働者及び使用者が合意することによって成立する」と規定する（労契法6条）。これは，労働者と使用者が合意することによって労働契約が成立することを確認するとともに，労働契約の定義を明示した規定である。これに対し，民法は，雇用契約について，「当事者の一方が相手方に対して労働

に従事することを約し，相手方がこれに対してその報酬を与えることを約することによって，その効力を生ずる」と定めている（民法623条）。学説には，民法の雇用契約を労働契約と区別する考え方もあるが，一般的には，両者の概念は一致すると解されている。

労働契約は，労働者と使用者の合意によって成立する諾成・有償の双務契約である。労働契約が成立するためには，労働者と使用者の間で「労働者が使用者に使用されて労働」すること，そして「使用者がこれに対して賃金を支払うこと」について合意することが必要である。合意には，明示の合意と黙示の合意があるが，言葉では明確に示されていない内心の意思の合致（黙示の合意）が認定できる場合には，黙示の合意をもって労働契約の成立が認められる。

労基法は，書面による労働条件の明示を義務づけているが（労基法15条1項，労基則5条2項，3項），使用者が書面での明示義務に違反した場合であっても，労基法違反として使用者に罰則が科されることがありうるとしても，労働契約そのものは有効に成立する。

誰と労働契約を締結するかは，原則として当事者の自由である。したがって，使用者と労働者はいずれも，契約を締結したくない相手との契約締結を強制されない。未成年者に代わり，親権者や後見人が労働契約を締結することは禁じられている（労基法58条1項）。

（2）労働契約の基本原則

労働契約に関する基本原則について，労契法が次のように規定している。

第1に，労働契約は，労働者および使用者が対等の立場に立って締結・変更すべきものである（労使対等の原則，労契法3条1項）。労働者は経済力や情報などの点において使用者よりも不利な地位にあり，当

事者の交渉力にも大きな格差がある。同条は，労使が対等の立場に立って合意をすることが，労契法において実現されるべき理念であることを確認したものである。

　第 2 に，労働契約は，就業の実態に応じて，均衡を考慮しつつ締結・変更すべきものとされている（均衡考慮の原則，労契法 3 条 2 項）。同条は，労働条件の差別的取扱いの排除を要請する原則として理解することができる。短時間・有期雇用労働者については，事業主は，通常の労働者との均衡を考慮しつつ，その雇用する短時間・有期雇用労働者の職務の内容，職務の成果，意欲，能力または経験等を勘案し，その賃金を決定するように努めるものとする旨を定めている（パート・有期法10条）。

　第 3 に，労働契約は，仕事と生活の調和（ワーク・ライフ・バランス）にも配慮しつつ締結・変更すべきものである（仕事と生活の調和の原則，労契法 3 条 3 項）。これは，長時間労働による労働者の健康問題や家庭生活への影響，少子高齢化などを背景に，労働契約の理念のひとつとして規定されたものであり，配転命令や時間外労働命令の権利濫用判断などの場面において，この規定の趣旨が契約の解釈において考慮される（第 7 章参照）。

　第 4 に，労働者および使用者は，信義に従い誠実に権利を行使し，義務を履行しなければならない（信義誠実の原則，労契法 3 条 4 項）。契約の遵守は，労基法 2 条 2 項と同様の趣旨であり，信義誠実の原則は，契約の一般原則である信義則（民法 1 条 2 項）が労働契約においても適用されることを確認したものである。

　第 5 に，労働者および使用者は，権利の行使にあたってそれを濫用してはならないと規定されている（権利の濫用禁止，労契法 3 条 5 項）。これは，民法の一般原則（民法 1 条 3 項）を労働契約関係においても適

用されることを確認したものである。

　これらの規定は理念規定にとどまるが，労働契約における権利義務を解釈する際には，これらの労働契約に関する基本原則が解釈指針のひとつになると考えられる。

2. 労働契約上の権利義務

　労働者は使用者の元で働き，その対価として賃金を受け取る。使用者は労働の提供を受けて，その対価として賃金を払うというのが，労働契約の基本的義務である。では，具体的な内容についてみてみよう。

（1）労働者の基本的義務

1）業務命令権の根拠

　労働者は，労働契約上，使用者の指揮命令を受けながら労務を提供する義務を負っている。業務命令権とは，使用者が業務遂行のために労働者に対して行なう指示または命令のことであり，本来的な職務のほかに，出張，研修や健康診断，自宅待機などにも及びうるものである。使用者の業務命令に従わないことは義務違反と評価され，懲戒処分を受けたり，解雇されることもある。

　業務命令権の法的根拠は，労働者が自己の労働力の処分を使用者に委ねることを約した労働契約に求められる。労働者は，たんに労働をするだけでなく，使用者の業務命令に従って労働する義務を負う。

　また，労働協約の定めや就業規則の規定も業務命令権の根拠になる。判例は，「就業規則が労働者に対し，一定の事項につき使用者の業務命令に服従すべき旨を定めているときは，そのような就業規則の規定内容が合理的なものであるかぎりにおいて当該具体的労働契約の内容をなしているものということができる」としている（電電公社帯広局事件・最

一小判昭61・3・13労判470号 6 頁，労契法 7 条）。

2）業務命令権の限界

使用者の業務命令権の範囲は，労働契約によって決定される。しかし，無制限に業務命令を行うことはできない。たとえば，業務上の必要性が乏しく，労働者の人格権を不当に侵害するような業務命令は，権利の濫用にあたり不法行為となる。裁判例では，教育訓練として就業規則の書き写しを命じたことが正当な業務命令の範囲を逸脱する違法なものと判断されている（JR 東日本（本荘保線区）事件・最二小判平 8・2・23労判690号12頁）。他方，火山灰の除去作業は労働契約上の義務の範囲内であり，違法，不当な目的でされたものであるとは認められないとしたものもある（国鉄鹿児島自動車営業所事件・最二小判平 5・6・11労判632号10頁）。

労働者の服装や髪型等の身だしなみについては，もともとは労働者個人が自由に決められる事柄である。裁判例は，髪型やヒゲに関する服務規律は，「事業遂行上の必要性が認められ，具体的な制限の内容が労働者の利益や自由を過度に侵害しない合理的な内容の限度で拘束力が認められる」としている（郵便事業（身だしなみ基準）事件・大阪高判平22・10・27労判1020号87頁）。

3）誠実労働義務・職務専念義務

労働者は，使用者の指揮命令に従って，誠実に労働する義務（誠実労働義務）を負う。判例には，職員勤務時間中に「戦争反対」と記したプレートを着用して仕事をしたケースにおいて，労働者は，「勤務時間及び職務上の注意力のすべてをその職務遂行のために用い職務にのみ従事しなければならない」義務を負うとし，当該義務違反が成立するためには，現実に職務の遂行が阻害されるなど実害の発生を必ずしも要件とするものではないと判断したものがある（目黒電報電話局事件・最三小判

昭52・12・13労判287号26頁）。

しかし，このように高度に職務専念義務を理解することは，労働者は，少なくとも就業時間中は使用者にいわば全人格的に従属することになり，妥当な解釈とはいえない。大成観光事件（最三小判昭57・4・13労判383号19頁）の補足意見において，伊藤正己裁判官は，職務専念義務とは，労働者が労働契約に基づきその職務を誠実に履行しなければならないという義務であって，この義務と何ら支障なく両立し，使用者の業務を具体的に阻害することのない行動は，必ずしも職務専念義務に違背するものではないと解している。

職務専念義務との関係では，職務時間中に私用メールをすることも問題になる。職務時間中に私用メールをしている場合は，その時間職務に従事していないため，労働者が社会通念上相当な範囲を超えてパソコンを私的に利用することは，形式的には懲戒処分の対象となる。しかし，職務遂行の妨げとならず，会社の経済的負担も極めて軽微な場合は，必要かつ合理的な限度の範囲内において，社会通念上許容されると考えられる（F社Z事業部（電子メール）事件・東京地判平13・12・3労判826号76頁）。

（2）使用者の基本的義務

労働者が労務を提供しないときは，当事者間に別段の合意がないかぎり，賃金支払義務は発生しない（ノーワーク・ノーペイの原則）。ただし，労働者が労務を提供しない場合であっても，労働者が労働契約に従った労務の提供（民法493条）を申し出ているにもかかわらず，使用者が不当に労働者の就労を拒否している場合には，労働者は賃金請求権を失わない（同536条2項）。

賃金請求権が発生するためには，使用者の指揮命令にしたがって「債

務の本旨」に従った労務提供がなされることが必要である。判例は，出張・外勤業務を拒否して内勤のみに従事した事案において，労務の提供が「債務の本旨」に従った労務の提供をしたものとはいえないとして，使用者は賃金支払義務を負わないと判断している（水道機工事件・最一小判昭60・3・7労判449号49頁）。

（3）労働者の付随義務

　労働者は付随義務として，秘密保持義務，競業避止義務などを負う。ここでは，その概要をみていくことにしよう。

1）兼職・兼業

　労働者が労働時間外にほかの場所で働いたり，自ら起業することを兼職・兼業という。こうした兼職・兼業については，会社の許可なく業を営むことや，在籍のまま他に雇われてはならないと就業規則に定め，違反した場合には懲戒事由とされている企業が少なくない。

　しかし，兼職の規制は，無制限に認められるわけではない。勤務時間外に何をするのかは，労働者の自由であるし，その時間に働くことも職業選択の自由（憲法22条1項）として保障されているからである。

　兼職については，就業規則等に規定があった場合でも，労働者の自由を考慮して限定的に解釈されている。具体的には，深夜の長時間アルバイトなど，労働者の使用者に対する労務の提供が不能または不完全になるような場合や，使用者の企業秘密が漏洩するなど経営秩序を乱す事態が生じる場合などが就業規則の規定に違反するものと評価される。

2）競業避止義務

　競業避止義務とは，労働者は所属する企業と競合する会社・組織に就職したり，競合する会社を自ら設立したりするなどの競業行為を行なってはならないという義務のことである。企業が保有している顧客や技術

等の情報を競業他社に利用されてしまうと，企業活動に大きな影響を受ける。そのため，企業の利益を守る手段として，労働者との間で退職後の競業避止義務契約を締結する場合がある。

　一般に在職中は，労働契約における信義誠実の原則に基づく付随義務として競業避止義務を負うことになる。ただし，使用者と競争関係に立つ企業を退職後に設立することを在職中に計画する程度では義務違反とはならないというべきであろう。

　退職後においては，職業選択の自由の観点から競業避止義務は生じないと解されており，使用者が退職後の労働者にもこれを課す場合は就業規則などに必要かつ合理的な範囲で法的根拠を明示する必要がある。退職後の競業避止義務特約の有効性について，判例は，職業選択の自由との関係で「特約締結につき合理的な事情の存在することの立証がないときは営業の自由に対する干渉とみなされ，特にその特約が単に競争者の排除，抑制を目的とする場合には，公序良俗に反し無効である」として無制限に認められるものではないことを確認している（フォセコ・ジャパン・リミティッド事件・奈良地判昭45・10・23判時624号78頁）。

　そして，競業制限の合理的範囲を確定するにあたっては，制限の期間，場所的範囲，制限の対象となる職種の範囲，代償の有無等が考慮され，使用者の利益（企業秘密の保護），労働者の不利益（転職・再就職の不自由）および社会的利害（独占集中のおそれ，それにともなう一般消費者の利害）の3つの視点に立って慎重に検討していくことを要すると述べている。

3）秘密保持義務

　労働者は，労働契約上，職務上知り得た秘密を不正に使用，開示しない義務を負う。在職中は，就業規則や労働契約に定めがなかったとしても，労働者は秘密保持義務を負うと解されている（古河鉱業足尾製作所

事件・東京高判昭55・2・18労民集31巻1号49頁）。退職後については，就業規則の定めや労働契約上の合意に基づいて労働者は秘密保持義務を負うことになる。

　また，不正競争防止法は，「営業秘密」の保護を定めている。同法は，不正の競業その他不正の利益を得る目的またはその保有者に損害を与える目的で，その営業秘密を使用し，または開示する行為を「不正競争」に該当する行為である旨規定している（不正競争防止法2条1項7号）。同法によって保護される「営業秘密」に該当すると言えるためには，①秘密管理性，②有用性，③非公知性の要件を満たす必要がある。不正競争防止法上の秘密保持義務は，在職中だけでなく，退職後にも及ぶ。

　退職した労働者が重要な営業秘密を不正に取得・使用・開示すれば，不正競争に該当し，差止請求，損害賠償請求，信用回復請求などの救済措置を定めている。

（4）使用者の付随義務

　使用者は，賃金支払義務とともに，信義則上，労働者の正当な利益を侵害しないよう配慮すべき義務を負う。使用者の配慮義務としては，安全配慮義務，職場環境配慮義務，人事上の配慮義務などがある。

1）安全配慮義務

　使用者は労働者の生命・健康を危険から保護するよう配慮する義務（安全配慮義務）を負っている。判例では，労働契約の内容として具体的に定めなくても，信義則上，使用者は，労働者を危険から保護するよう配慮すべき安全配慮義務を負っている（労契法5条）。

2）職場環境配慮義務

　裁判例は，セクシュアル・ハラスメントの事案において，「使用者は，被用者との関係において社会通念上伴う義務として，被用者が労務に服

する過程で生命及び健康を害しないよう職場環境等につき配慮すべき注意義務を負い，更に労務遂行に関して被用者の人格尊厳を侵しその労務提供に重大な支障を来たす事由が発生することを防ぎ，またはこれに適切に対処して職場が被用者にとって働きやすい環境を保つよう配慮する義務がある」としている（福岡セクハラ事件・福岡地判平4・4・16労判607号6頁）。

　職場環境配慮義務は，セクハラだけでなく，職場でのいじめや嫌がらせに対しても，労働者の働きやすい就業環境を阻害するものを排除する義務である。セクハラが起きるような職場を放置した使用者は，この義務に違反することになり，損害賠償責任が生じることになる。

3）人事上の配慮義務

　使用者は，労働契約の締結または変更の際に，仕事と生活の調和に配慮する人事上の配慮義務を負うものと考えられる（労契法3条3項）。育児介護休業法（育介法）は，育児・介護に従事する労働者については，労働者の転勤によって子の養育や家族の介護が困難となる場合，使用者がその状況に配慮すべき義務を定めている（育介法26条）。他方，単身赴任をもたらす配転については，不利益を回避・軽減するための措置をとるべき信義則上の配慮義務を負うと考えるべきであろう。

4）労働受領義務（就労請求権）

　労働者が使用者に対し，自己を就労させることを請求する権利を「就労請求権」という。労働者の就労請求権は，使用者の義務としては労働受領義務を負うか否かという問題となる。

　就労することは，労働者の義務ではあっても権利ではないと解されており，就労請求権は原則として否定されている。判例においても，「労働契約等に特別の定めがある場合又は業務の性質上労働者が労務の提供について特別の合理的な性質を有する場合を除いて，一般的には労働者

は就労請求権を有するものではない」と判断されている（読売新聞社事件・東京高決昭33・8・2労民集9巻5号831頁）。ただし，特約がある場合や，特別な技能をもつ場合などは例外的に就労請求権が認められるという学説も有力である。

（5）労働者の損害賠償義務

　民法上の一般原則からすると，労働者が業務の遂行中に必要な注意を怠り，労務提供義務ないし付随義務に違反した場合には，労働者は使用者に対して債務不履行に基づく損害賠償責任を負うことになる（民法415条）。また，業務遂行中の過失により使用者に損害をもたらした場合には，不法行為に基づく損害賠償責任を負うこととなる（同709条）。労働者は，加害行為との間に相当因果関係が認められる損害額を賠償する義務を負うことになる。

　しかし，この原則をそのまま適用することは，労働者にとって過酷な結果となりかねない。そこで，労働者が賠償すべき金額については，損害の公平な分担という見地から，信義則（同1条2項）を根拠に減額されている（茨城石炭商事事件・最一小判昭51・7・8民集30巻7号689頁）。また，裁判例には，労働者が居眠りにより操作を誤って機械を破損した事案において，右事故における従業員の過失は重大であり，右従業員は債務不履行の責任を免れないが，使用者と右従業員との経済力，賠償の負担能力の格差が大きいこと，使用者が機械保険に加入するなどの損害軽減措置を講じていないことなどに鑑み，損害額の4分の1の賠償をすべきであるとしたものがある（大隈鉄工所事件・名古屋地判昭62・7・27労判505号66頁）。他方，被用者から使用者に対して求償ができるかという逆求償が問題となることがある。判例は，被用者が業務中に起こした交通事故につき，被用者が被害者にその損害を賠償した場合

に，被用者は使用者に求償することができるかが争われた事案におい
て，被用者からの逆求償を認めている（福山通運事件・最二小判令2・
2・28労判1224号5頁）。

3．懲戒処分

懲戒とは，使用者が労働者に対し行う不利益措置のうち，企業秩序違
反行為に対する制裁をいう。

企業活動は多くの人の共同作業によって成り立つものであり，職場規
律を保つことが企業活動を維持するうえで重要な要素の1つである。そ
こで，使用者は，就業規則に服務規律として労働者の行為規範を定め，
業務命令違反をはじめとした企業秩序違反行為を懲戒として定めてい
る。こうした懲戒制度を多くの企業が設けていることが，我が国の企業
活動の特徴といえる。

（1）懲戒権の法的根拠

そもそも，使用者は労働者に対してなぜ懲戒権を行使できるのか。労
基法は「制裁」として懲戒の種類と程度を就業規則に記載すべきことな
どを定め（労基法89条9号，90条），また，労契法は懲戒を濫用しては
ならないと定める（労契法15条）。しかし，懲戒の法的根拠については
条文上明らかにされていないため，使用者が労働者に対して懲戒処分を
なし得ることをどのように理解すべきかが問題となる。

学説は，使用者固有の権能とする見解（固有権説）と，労使間の合意
を根拠とする見解（契約説）に大別される。固有権説は，企業秩序を乱
す労働者の行為に対して制裁を加えることは労働契約の本質からして当
然なものととらえ，就業規則に定めがなくとも使用者は相当程度の懲戒
処分をなし得るとする見解であり，戦後の労働法学において有力であっ

た。しかし，今日では，使用者は就業規則の規定に基づかなければ懲戒処分を行うことができないとする契約説が通説的立場であり，懲戒権を行使するためには労働契約上の根拠を要すると解されている。

　判例には，「労働者は，労働契約を締結して雇用されることによって，使用者に対して労務提供義務を負うとともに，企業秩序を遵守すべき義務を負い，使用者は，広く企業秩序を維持し，もって企業の円滑な運営を図るために，その雇用する労働者の企業秩序違反行為を理由として，当該労働者に対し，一種の制裁罰である懲戒を課することができる」と判示するものがある（関西電力事件・最一小判昭58・9・8判時1094号121頁）。また，使用者は「規則に定めるところに従い」懲戒処分をなしうるとして，就業規則の規定の存在を懲戒処分の前提と解するものもある（国鉄札幌運転区事件・最三小判昭54・10・30民集33巻6号647頁）。

　その後の最高裁判決は，「使用者が労働者を懲戒するには，あらかじめ就業規則において懲戒の種別及び事由を定めておくことを要する」と判示して（フジ興産事件・最二小判平15・10・10労判861号5頁），就業規則に懲戒の種別と事由が定められていないかぎり使用者は懲戒処分をすることができないと解していることから，実際上は契約説に近い立場であると理解することができよう。

（2）懲戒処分の有効性

　懲戒処分が有効となるためには，次の要件を満たす必要がある。これまでの裁判例などによって重視されているのは次の3つの点である。

1）懲戒事由該当性

　第1に，労働者の行為が就業規則の懲戒事由に該当することが必要である。具体的な判断にあたっては，就業規則の文言だけで形式的に判断するのではなく，当該行為が懲戒事由に該当するか否かの判断において

合理的な限定解釈を加え，実質的に懲戒事由に該当するか否かを判断することが求められる。

懲戒処分後新たに判明した非違行為を使用者が懲戒事由として主張できるか否かも問題となる。判例は，懲戒当時に使用者が認識していなかった非違行為は，特段の事情がない限り，当該懲戒の有効性を根拠付けることはできないとしている（山口観光事件・最一小判平8・9・26労判708号31頁）。

2）懲戒権の濫用

第2に，懲戒処分該当性が認められる場合であっても，懲戒処分が濫用にあたるものであってはならない。懲戒が，労働者の非違行為の性質及び態様その他の事情に照らして，客観的合理的な理由を欠き，社会通念上相当であると認められない場合には，懲戒権の濫用として，当該懲戒処分は無効になる（労契法15条）。

懲戒処分は労働者にとって重大な職業上・生活上の不利益をもたらすことから，懲戒事由に応じて，懲戒処分の内容が相当なものでなくてはならない。懲戒処分の内容は原則として使用者の裁量に委ねられるが，懲戒処分は懲戒事由の種類程度に応じた相当なものでなければならならず，処分事由と処分内容にバランスを欠いた処分は，懲戒処分の濫用と判断されることになる。多くの裁判例においても，懲戒処分が懲戒事由には該当するとされながらも，当該行為や諸般の事情を考慮して，処分が重すぎるとして無効とされている。

3）適正な手続

第3に，懲戒処分に際しては適正な手続が求められる。適正手続の観点からは，懲戒処分を行う際に本人に弁明の機会を与えることが重視されている。また，懲戒委員会を組織して決議を経るといった懲戒手続を策定している場合には，そのような手続がとられなかった事情は，懲戒

処分の有効性判断において効力を否定する要素として判断される。

　また，「平等取扱い原則」として，同一の非違行為には，同種類・同程度の処分が行われるべきことが求められる。例えば，以前に戒告処分を下した小さな非違行為について，今度は別の労働者を懲戒解雇するといった運用は，懲戒権の濫用にあたる可能性が高い。

　この他には，懲戒処分の解釈にあたり，就業規則の懲戒規定は制定前の行為には適用されず（不遡及の原則），同一の行為に対して2回以上の処分は許されない（一事不再理の原則）と解されている。

　使用者による懲戒権の行使の時期が問題となるケースもある。判例は，懲戒事由に該当する上司への暴行に対してなされた諭旨退職処分が，暴行事件後7年以上経過してなされた事案において，長期間にわたって懲戒権の行使を留保する合理的な理由が見出し難いとして，懲戒権の濫用として無効と判断している（ネスレ日本事件・最二小判平18・10・6労判925号11頁）。

（3）懲戒の種類

　懲戒の種類は，各企業によってさまざまであるが，一般的には，戒告・譴責，減給，出勤停止，諭旨解雇，懲戒解雇等の懲戒処分を就業規則に定めている企業が多い。この他にも，厳重注意，賞与不支給，降格，自宅待機の措置がとられることもある。懲戒解雇は，多くの企業において退職金が支払われないなど，労働者にとっては重い制裁となる。

1）戒告・譴責

　戒告・譴責（けんせき）とは，口頭又は文書で労働者の将来を戒める処分である。始末書の提出を求めるものを譴責と称する場合が多い。戒告・譴責は，労働者に対して直接的な経済的不利益を課すものではないが，後日，人事考課において低い査定をされたり，労働契約上の地位な

いし待遇に不利益な影響が及ぶ可能性がある場合には，訴えの利益は肯定される。

2）減給

減給は，労働者に対する制裁として，使用者が一方的に賃金を減額する処分である。

歴史的に，職場規則違反等を理由に，労働者に対し，過酷ともいえる減給処分が科されてきた。労働者に過酷ともいえる経済的不利益を課すおそれのある処分となることから，労基法は，「その減給は，1回の額が平均賃金の1日分の半額を超え，総額が1賃金支払期における賃金の総額の10分の1を超えてはならない」（労基法91条）と規定している。ここでいう「1回の額」とは懲戒事件1件についての減給額であるから，1件につき数回にわたる減給は許されない。また，数回の事案について減給を行う場合も，その総額が1賃金支払時期の賃金の10分の1を超えてはならない（昭63・3・14基発150号）。

遅刻や欠勤等により賃金カットが行われる場合には，ノーワーク・ノーペイの原則に基づく措置であり，減給処分にはあたらない。

3）出勤停止

出勤停止は，労働契約関係を継続しつつ，一定期間の就労を禁止して賃金を支払わない処分である。この処分は減給ではないので，労基法91条の適用を受けない（昭23・7・3基収2177号）。

出勤停止は，出勤停止期間中は賃金が支給されず，勤続年数にも通算されないのが一般的であり，長期の出勤停止処分は過酷な処分となりうる。そこで，非違行為に比して不当に長期にわたる出勤停止は，相当性の観点から無効と解される場合がある。

4）諭旨解雇

諭旨解雇（ゆしかいこ）は，懲戒解雇を若干緩和した処分である。使

用者が労働者に対し退職願や辞表の提出を勧告し，労働者が応じない場合は懲戒解雇にするというものが多い。

5）懲戒解雇

懲戒解雇は，制裁として行われる解雇の処分であり，懲戒処分として最も重いものである。通常は，解雇予告又は解雇予告手当の支払（労基20条 1 項）がなされずに解雇処分がなされ，退職金の減額又は全額不支給の場合も多い。ただし，懲戒解雇が常に即時解雇となるわけではなく，労基法20条 1 項に定める即時解雇を行いうるかを別個に判断することになる。

懲戒解雇は，退職金が支払われないなど，過酷な処分となりうることから，懲戒解雇の有効性判断にあたっては，特に厳格に行う必要があろう。懲戒解雇をめぐって問題となるのは，懲戒解雇と退職金不支給ないし減額の関連性である。懲戒解雇がなされた場合における退職金不支給の是非は，退職金制度の趣旨（退職金の功労報償的性格など）に照らし，過去の功労を無にするほどの背信行為等があったかどうかで判断される。

（4）懲戒事由

懲戒処分の対象とされる懲戒事由としては，①経歴詐称，②職務上の非違行為，③業務命令違反，④職場規律違反，⑤私生活上の非行，⑥内部告発行為等が典型例である。

1）経歴詐称

経歴詐称とは，履歴書や採用面接に際して経歴を偽ることである。判例は，学歴詐称について，労働契約関係が信頼関係を基盤とする継続的契約であり，労使の信頼関係や適正な労務配置を阻害するなど企業秩序を侵害することから，経歴詐称は懲戒処分の対象となるとし，学歴を高

く偽った場合はもちろん，低く偽った場合にも懲戒解雇が有効としている（炭研精工事件・最一小判平3・9・19労判615号16頁，メッセ事件・東京地判平22・11・10労判1019号13頁）。

なお，病歴の秘匿については，労働力評価や適正配置を誤らせる場合には問題となりうるが，裁判例には，視力障害を秘匿していたことが重機運転手としての不適格性をもたらすとはいえないとして，懲戒解雇事由に該当するとまではいえないとしたものがある（サン石油（視力障害者解雇）事件・札幌高判平18・5・11労判938号68頁）。

2）職務上の非違行為

職務上の非違行為とは，労働の遂行が不適切な行為をいい，無断欠勤，職場離脱，勤務成績不良などがそれにあたる。

長期間にわたる無断欠勤は，懲戒処分の対象となる（懲戒解雇を有効とした例として，日経ビーピー事件・東京地判平14・4・22労判830号52頁）。もっとも，メンタルヘルス不調に起因した欠勤の事案において，最高裁は，精神的不調のために欠勤を続けていると認められる従業員に対して，使用者が精神科医による健康診断を実施するなどして，その結果に応じて休職等を検討し，その後の経過を見るなどの対応をとるべきであって，そのような対応なしになされた諭旨退職処分を無効と判断している（日本ヒューレット・パッカード事件・最二小判平24・4・27労判1055号5頁）。

3）業務命令違反

使用者の業務命令（就業に関する指示，所持品検査の命令等）が，労働契約の許容する範囲内でなされたにもかかわらず，当該命令に労働者が従わなかった場合，原則として懲戒処分の対象となる。もっとも，業務命令違反によって企業秩序が現実に侵害されていない場合には，業務命令違反と処分の程度等を勘案して，懲戒解雇等を無効とする裁判例も

少なくない（メレスグリオ事件・東京高判平12・11・29労判799号17頁）。

4）職場規律違反

　企業は，職場内における労働者の行動を規律する目的で，たとえばセクシュアル・ハラスメント対策規程等を就業規則に定めるのが通例であり，こうした職場規律に違反することも懲戒処分の対象となる。

　また，企業秘密の漏洩，競業，従業員の引き抜き等の行為は，企業秩序を侵害する態様であれば懲戒処分の対象となる。裁判例では，会社の顧客情報等の漏洩等を理由とした懲戒解雇が有効とされている（メリルリンチ・インベストメント・マネージャーズ事件・東京地判平15・9・17労判858号57頁，ヒューマントラスト事件・東京地判平24・3・13労判1050号48頁等）。

5）私生活上の非行

　勤務時間外の行動は，私生活上の行為として使用者が介入できない領域であるが，労働者は信義則上，使用者の利益や名誉を毀損しない義務を負うと解されることから，職場外でされた職務遂行に関係のない所為であっても，企業秩序に直接の関連を有する場合や（横浜ゴム事件・最三小判昭45・7・28民集24巻7号1220頁），会社の社会的評価に重大な悪影響を与えるような場合（日本鋼管事件・最二小判昭49・3・15民集28巻2号265頁）には企業の社会的評価の低下毀損につながる行為は懲戒処分の対象となりうる。

　裁判例には，私鉄会社の社員が他社路線の車内で痴漢を繰り返した事案において，第1審では，懲戒解雇を有効とし，退職金も全額不支給としたのに対し控訴審では，労働者の勤務態度や服務実績から退職金の7割減額が相当と判断したものがある（小田急電鉄事件・東京高判平15・12・11労判867号5頁）。

6）内部告発

　労働者による内部告発は，企業の不正行為等を改善する契機となることから，その重要性が広く認識されるようになった。しかし一方で，企業外の第三者に情報を開示する場合には，企業の名誉・信用を毀損し，又は企業秩序を乱す可能性を有する行為であるとして，多くの裁判例において懲戒処分の有効性等が争われている。

　労働者による内部告発が正当なものとして認められるかどうかについて，裁判例では，①内部告発の内容が真実であるか，又は真実と信じるに足りる相当の理由があるか，②内部告発の目的が公益性を有するか，③内部告発の手段・態様が相当であるか等を総合考慮したうえで，懲戒処分の有効性等が判断されている（トナミ運輸事件・富山地判平17・2・23労判891号12頁，大阪いずみ市民生活協同組合事件・大阪地堺支判平15・6・18労判855号22頁等）。

　企業等の不正や違法行為を内部告発したことを理由とする解雇の禁止等を内容とする公益通報者保護法（公通法）が2006年から施行されている。同法は，通報内容を罰則のある政令指定の法令違反に限定し，企業内に対する内部通報をあらかじめ行うことなどを保護の要件としている。こうした内部通報を優先する制度設計は企業の自浄作用に期待したものであるが，社内通報制度が機能しておらず，通報者に対する報復が行われるケースがあるなど，公通法の課題も指摘されていた。こうした状況において，2020（令和2年）年6月には改正公通法が成立した。この改正により，これまでは保護の対象となっていなかった「退職者（退職後1年以内）」や「役員」も保護対象となったほか，従業員数が300人を超える企業に対する内部通報体制整備の義務化，内部通報対応に従事する者への罰則付き守秘義務の導入，報道機関等への通報にかかる保護要件の緩和等が行われ，公益通報者の保護を拡大する内容となってい

る。

<table>
<tr>
<td>学習
課題</td>
<td>1　競業避止義務とは何か。在職中と退職後でルールが違うのか，確認してみよう。
2　副業・兼業を推進する動きがあり，企業も副業・兼業を推進するところもある。副業・兼業のメリットとデメリットについて考えてみよう。
3　就業規則に規定のない懲戒処分は許されるだろうか。懲戒処分の法的根拠はどこにあるのか，考えてみよう。</td>
</tr>
</table>

参考文献

・和田肇『労働契約の法理』（有斐閣，1990年）
・三井正信『現代雇用社会と労働契約法』（成文堂，2010年）
・荒木尚志・菅野和夫・山川隆一『詳説　労働契約法〔第 2 版〕』（弘文堂，2014年）

5 | 賃金の保護

《**目標＆ポイント**》　賃金は，労働者や家族の生活を支えるうえで最も重要な労働条件のひとつである。法律は，賃金を確実に受け取るための法規制や最低賃金制度を法律で定めている。ここでは，賃金の定義，賃金請求権，賃金支払いに関する労働基準法上の保護，最低賃金制度等について検討する。
《**キーワード**》　賃金，賃金請求権，賞与，退職金，最低賃金制度

1. 賃金の概念と賃金請求権

（1）賃金の定義

　いかなるものが賃金にあたるのか。まずは賃金の定義について確認しよう。

　労基法は，賃金について，「賃金，給料，手当，賞与その他名称の如何を問わず，労働の対償として使用者が労働者に支払うすべてのもの」と定義している（労基法11条）。この定義は，労基法の規定が適用される「賃金」の対象範囲を明らかにするものである。

　この定義によれば，労基法上の賃金と認められるためには，第1に，労働の対償であること，第2に，使用者が労働者に支払うものであることが必要である。

　まず，賃金の第1の要件である「労働の対償」とは，実際の労働に直接的に対応する報酬だけではなく，使用者が支給基準を定めて支払うすべてのものを含む。たとえば，家族手当のように，労働に直接的に対応

しないものであっても，労働契約，就業規則，労働協約などに支給条件が明確に規定されており，使用者に支払義務があるものについては，「労働の対償」に該当すると解されている（昭22・9・13発基17号）。これに対し，結婚祝い金など，使用者が恩恵的に任意に支払うにすぎない任意的恩恵的給付については，賃金とは認められない。

　次に，賃金の第2の要件は，使用者が労働者に支払うものでなければならないということである。たとえば，お客さんがサービスをしてくれた人に直接払う，いわゆる「チップ」は原則として賃金にあたらない。もっとも，飲食店等で客が支払うサービス料を，使用者が労働者に機械的に配分する場合は，使用者が支払うものとして賃金とされる（昭39・5・21基発3343号）。

（2）賃金請求権

　賃金について学習するうえで理解しておきたいのは，賃金請求権の発生メカニズムである。賃金はどのような根拠に基づいて発生し，どのような場合に変動・消滅するのか。また，労働者が何らかの理由によって労働義務を履行しなかった場合に，労働者が賃金請求権を有するのかどうかが中心的な問題となる。

1）賃金請求権の発生

　賃金請求権の法的根拠は，契約当事者の合意に求められる。こうした賃金に関する合意は，労働契約，就業規則，労働協約によって基礎づけられるだけでなく，労働慣行などによっても形成される。

　具体的な賃金請求権は，当事者間に労働契約が締結されていることを前提として，労働者において現実に就労することによって発生する（宝運輸事件・最三小判昭63・3・15民集42巻3号170頁）。もっとも，当事者がこれと異なる合意をすることも可能である。遅刻や欠勤に応じた賃

金控除が予定されていない完全月給制の場合など，労働義務を履行していない場合であっても，当事者の合意次第で賃金請求権は発生する。同様に，住宅手当，家族手当，通勤手当などの労働時間と直接対応しない賃金部分についても，賃金請求権の帰趨は，当事者の合意や労使慣行などに委ねられる（三菱重工業長崎造船所事件・最二小判昭56・9・18民集35巻6号1028頁）。

　労働義務の履行といえるためには，債務の本旨に従った労務の提供がなされなければならない。そのため，使用者の適法な業務命令に従わずに労務提供をしたとしても，賃金請求権は発生しない（水道機工事件・最一小判昭60・3・7労判449号49頁）。

　賃金請求権が発生する時期は，労働を終わった後，あるいは，期間の定めがある場合にはその期間が経過した後である（民法624条）。ただし，民法624条は任意規定であり，当事者の合意によって別の定めをすることもできる。

2）賃金額の変動

賃金の引上げ

　日本型の賃金制度を支えてきたのが，定期昇給（定昇）とベース・アップ（ベア）である。定期昇給とは，一定の時期に，年齢や勤続年数あるいは職能資格の上昇などに伴い，賃金額が上昇することをいう。ベース・アップとは，物価や企業業績，世間相場などを考慮して，賃金の基準額そのものを改訂し賃金の全体的底上げを行うことをいう。

　定期昇給やベース・アップは契約に基づいて行われるものである以上，労使双方の合意に基づき，労働契約の内容になることによって賃金請求権が発生する。したがって，定期昇給やベース・アップを根拠づける合意がないかぎり，労働者は具体的な昇給請求権を有しない（清風会光ヶ丘病院事件・山形地酒田支決昭63・6・27労判524号54頁）。

　定期昇給の際には，労働者の職務遂行能力や業績について人事考課（査定）が行われることが多い。人事考課（査定）は基本的には使用者の裁量に委ねられる。しかし，人事考課に際しては，均等待遇原則（労基法 3 条），男女同一賃金原則（同 4 条），不当労働行為（労組法 7 条）に関する規定が適用され，使用者には公正に人事考課（査定）を実施することが要請され，人事考課（査定）が違法である場合には，使用者は不法行為として損害賠償責任を負う。

賃金の引下げ

　労働条件の変更は，労働契約，就業規則，労働協約を変更することを通じて行われる。賃金の減額を含めて，労働条件の変更は就業規則の変更によって行われることが多いが，ここでは，労働契約の個別合意による賃金の引下げについてみていこう。

　賃金は，労働者にとって重要な労働条件であるので，使用者は一方的に変更することは許されず，原則として，労働者の同意が必要である。労契法 8 条は，「労働者及び使用者は，その合意により，労働契約の内容である労働条件を変更することができる」として，合意に基づく労働条件変更の原則を確認している。

　裁判例においても，「労働契約において賃金は最も重要な労働条件としての契約要素であることはいうまでもなく，これを従業員の同意を得ることなく一方的に変更することはできない」という判断がなされている（チェース・マンハッタン銀行事件・東京地判平 6・9・14労判656号17頁）。また，労働者の同意に基づいて賃金減額を行う場合であっても，裁判例は，同意は労働者の自由意思に基づく明確なものであることを必要とし，黙示の承諾の成立についても容易には認めていない（更生会社三井埠頭事件・東京高判平12・12・27労判809号82頁）。

　賃金制度によっては，職務や職位の変化に連動して賃金の引下げが行

われる場合もある。そうしたケースについては，職務や職位の変化自体の適法性を判断する際に，賃金減額の大きさが労働者の被る不利益の1つとして考慮される（アメリカン・スクール事件・東京地判平13・8・31労判820号62頁）。一方，職務や職位の変化と賃金が連動していない場合には，職務等が変更されても，賃金の引下げを行うことは許されないとされている（東京アメリカンクラブ事件・東京地判平11・11・26労判778号40頁）。

3）賃金請求権の消滅

賃金請求権は，弁済，時効，放棄，相殺などによって消滅する。このうち放棄と相殺に関しては，賃金全額払原則（労基法24条1項）との関係で問題が生じうる。

消滅時効の期間については，従来は，通常の賃金は2年，退職金は5年であったが（同115条），2020年の労基法改正により，改正民法の動向をふまえて，賃金の消滅時効の期間は5年とするが，当面の間（少なくとも施行後5年間）は消滅時効を3年とすること，また，消滅時効の起算点が客観的起算点（賃金支払日）であることが明確化された。なお，退職金の消滅時効は5年で変更はない。

（3）休業手当

1）休業手当

使用者の責に帰すべき事由による休業の場合は，平均賃金の6割以上の休業手当を支払わなければならない（労基法26条）。その趣旨は，労働者の最低生活を保障することにある。ここにいう「休業」とは，労働義務のある時間に労働ができなくなることを意味し，労働義務を負わない「休日」とは異なる。

では，使用者の責に帰すべき事由による休業とは，どのような場合を

いうのか。労基法26条（休業手当）と民法536条 2 項により発生する労働契約上の賃金請求権との関係をどのように理解すべきかが問題となる。判例は，労基法26条の休業手当の趣旨を使用者の負担において労働者の生活を平均賃金の 6 割の限度で保障しようとするものであり，労基法26条は労働者の生活保障のために使用者の帰責事由をより広い範囲で認めたものと解している（ノースウエスト航空事件・最二小判昭62・7 ・17民集41巻 5 号1283頁）。具体的には，「使用者の責に帰すべき事由」とは，取引における一般原則である過失責任主義とは異なり，民法536条 2 項の「債権者の責めに帰すべき事由」よりも広く，「使用者側に起因する経営，管理上の障害を含む」と解されている。行政解釈は，監督官庁の勧告による操業停止，親会社からの資材・資金の供給が停止したことを理由とする休業は，使用者の「事業範囲内」において生じた事由によるものであるから，労基法26条にいう使用者の帰責事由に該当するとしている（昭23・ 6 ・11基収1998号）。

2 ）履行不能と賃金請求権

　労働提供義務（労働義務）の履行がなされない場合であっても，賃金請求権が肯定される場合がある。賃金請求権の存否は，履行不能の原因に応じて判断される。

　第 1 に，労使双方の責めに帰することができない事由による労働義務の履行不能については，民法536条 1 項が適用され，債権者である使用者は，反対給付の履行である賃金請求を拒むことができる。天災事変による休業などがこれにあたる。

　第 2 に，使用者の責めに帰すべき事由によって労働義務が履行不能となった場合は，民法536条 2 項に基づき労働者は賃金請求権を有する。民法536条 2 項は，「債権者の責めに帰すべき事由によって債務を履行することができなくなったときは，債権者は，反対給付の履行を拒むこと

ができない」と規定しており，使用者（債権者）の責に帰すべき事由により履行不能となったときは，賃金請求権があることになる。典型的なケースとしては，使用者の不当な解雇によって就労ができなかった場合，正当な理由なく労務の受領を拒否された場合などがあげられる。使用者の帰責性の有無は，履行不能に至った理由・経緯，両当事者の態様，その際の状況などを総合的に勘案して判断される。

第3に，労働者の責めに帰すべき事由により労働義務が履行されなかった場合には，賃金請求権は発生しない（ノーワーク・ノーペイの原則）。労働者の故意・過失に基づいて欠勤や遅刻をした場合が典型例となる。

ところで，民法536条2項が適用されるためには，その前提として，労働者は債務の本旨に従った労務の提供をしていることが必要である。では，労務の提供が全くできないわけではないが，従前に従事していた業務に関する労務の提供が一部しかできないか，あるいは別の業務であれば就労可能であると申し出ている場合，債務の本旨に従った労務の提供といえるかも論点となる。

この点につき判例は，職種を限定していない場合には，命じられた特定の業務ができない場合であっても，「能力，経験，地位，当該企業の規模，業種，当該企業における労働者の配置・異動の実情及び難易等に照らして当該労働者が配置される現実的可能性がある」と認められる業務について労務を提供することができる場合には，なお債務の本旨に従った履行の提供があると解するのが相当であるとしている（片山組事件・最一小判平10・4・9労判736号15頁）。

なお，解雇期間中の賃金を請求するためには，労働者が客観的に就労する意思と能力をもっていたことを主張しなければならないとする裁判例がある（ペンション経営研究所事件・東京地判平9・8・26労判734

号75頁）。これに対して，多くの学説は，労働者が退職の意思を明示した場合など，就労し得なかった事情のない限り，賃金請求権を否定すべきではないと説く。

　なお，雇用が途中で終了した場合には，履行の割合に応じた報酬請求が認められる（民法624条の 2 ）。

（4）賞与・退職金
1）賞与
　賞与とは，ボーナスや一時金と呼ばれ，月例給とは別に支払われる賃金をいう。多くの日本企業においては，夏と冬の年に 2 回賞与（一時金）を支給することが一種の慣例となっている。その額は，通常，基本給額などの基礎額に支給率（月数）を乗じることによって算定されるが，個々の労働者の賞与額については出勤率，人事考課（査定）などを考慮して具体的に確定されることが多い。一般的に，賞与は，賃金後払いの要素をもつとともに，貢献に対する功労報償や将来の労働に対する勤労奨励といった多様な要素をあわせもつ。

　賞与請求権は，賞与に関する労使双方の合意に根拠づけられる。多くの企業では，就業規則において賞与の支給規定が定められている（労基法89条 4 号参照）。

　ただ，具体的な賞与請求権は，労働組合との合意や使用者の決定により，具体的な支給額またはその算出方法が決定されて初めて発生すると解されている（小暮釦製作所事件・東京地判平 6 ・11・15労判666号32頁）。

　具体的な支給率・額について使用者の決定や労使の合意・慣行がない場合，賞与請求権が発生するかが解釈上問題となる。裁判例の多くは，支給条件の定め等がなく，支給条件が明確でない場合には，労働者は具

体的な賞与請求権を有しないと判断している（松原交通事件・大阪地判平9・5・19労判725号72頁）。また，具体的な支給基準がない場合には，任意の恩恵的給付にすぎず，賞与請求権は発生しないとするものもある（江戸川会計事務所事件・東京地判平13・6・26労判816号75頁）。もっとも，賞与額の確定に必要な査定を使用者が行わなかったことについて，査定がない以上具体的な賞与請求権は発生しないが，労働者の期待権を侵害しているとして賞与相当額の損害賠償を命じた裁判例もある（藤沢医科工業事件・横浜地判平11・2・16労判759号21頁）。

　賞与については，就業規則などで支給日に在籍している者を支給対象者とする支給日在籍要件が設けられていることも少なくない。そこで，こうした支給日在籍要件を定める制度の合理性が問題となる。

　判例は，支給日在籍要件を明記している場合，もしくは確立した慣行となっている場合には，一般的にその制度の合理性を認めている（大和銀行事件・最一小判昭57・10・7労判399号11頁，京都新聞社事件・最一小判昭60・11・28労判469号6頁）。ただし，賞与が当初の支給予定日に大幅に遅れて支給され，その間に労働者が退職した場合には，賞与請求権が認められている（ニプロ医工事件・最三小判昭60・3・12労経速1226号25頁）。

2）退職金

　退職金とは，労働契約の終了に伴い，使用者が労働者に支払う給付をいう。退職金の法的性格については，一般に賃金額を算定基礎とし，勤続に応じて額が加算されていくことから賃金後払的性格を有する。それと同時に，退職金の額は勤続年数に応じて増加する傾向にあり，過去の勤務が同じであっても退職事由によって支給率に差が設けられていることが多い。そのことから，退職金は功労報償的性格をも有すると解されている。

　企業によっては，早期退職を促すために割増した退職金を支給する早期退職優遇制度も実施されている。また，退職金を年間賃金に上乗せして支払う前払制度の選択制を導入する企業も増えている。

　退職金請求権についても，当事者間の合意（個別の契約の具体的な解釈）に基づいて発生する。使用者が制度として退職金を支給する場合には，就業規則にその支払いに関する規定を置かなければならないものとされており（労基法89条3号の2），その適用対象とされている労働者には一般に退職金請求権が認められる。このような明文の規定がない場合には，黙示の合意などを含む労働契約の意思解釈によって，退職金請求権の有無が決せられる。

　退職金については，就業規則において，懲戒解雇またはそれに相当する事由が存在する場合には退職金を減額もしくは不支給とする旨の条項が設けられていることが多い。この減額・不支給条項の合理性およびその適用の当否が問題となる。

　まず，退職金の不支給が全額払いの原則に反しないかが問題となる。判例は，全額払い原則違反の問題は生じないという立場を採用し，退職金が賃金の後払い的性格と功労報償的性格とを併せ持つことから，使用者に対してその功労を抹消するような行為が行われた場合には，退職金の減額・不支給が許されると解している（三晃社事件・最二小判昭52・8・9労経速958号25頁）。

　ただし，裁判例には，当該事由の適用につき限定解釈を行うものがある。中部日本広告社事件（名古屋高判平2・8・31労判569号37頁）では，同業他社に就職した場合に退職金を支給しない旨定めた規定の効力が争われ，退職従業員の行為に労働の対償を失わせるような強度の背信性がある場合に限られるとして，本件はそれに該当しないと判示している。

　また，過去の功労の抹消の程度に応じた限定解釈を行い，当該労働者の永年の勤続の功を抹消してしまうほどの重大な不信行為があることを要するとして，退職金請求の一部を認めるものもある（小田急電鉄（退職金請求）事件・東京高判平15・12・11労判867号5頁）。

2. 賃金の支払い確保

(1) 賃金支払いに関する4原則

　労働基準法は，賃金が労働者の手に確実に渡るために，①通貨払い，②直接払い，③全額払い，④毎月1回以上一定期日払いの4原則を定めている。

1）通貨払いの原則

　賃金は，原則として「通貨」で支払わなければならない（労基法24条1項）。その趣旨は，賃金を現物で給付することを禁止することにある。ただし，通貨払いの原則については，3つの例外が認められている。第1は，法令に別段の定めがある場合である。もっとも，現行法上，この法令にあたるものは存在しない。第2は，労働協約に別段の定めがある場合である。この例外は労働協約による場合のみ認められるものであり，過半数代表者との協定はこれに含まれない。第3は，「厚生労働省令で定める賃金について確実な支払の方法で厚生労働省令で定めるものによる場合」（同条1項但書）である。労働者の同意を得ることを条件に，①金融機関への振込み，②小切手，郵便為替等による退職手当の支払いが認められている（労基則7条の2）。

2）直接払いの原則

　賃金は「直接」労働者に支払わなければならない（労基法24条1項）。その趣旨は，中間搾取や本人以外の者が賃金を奪うことを防止するところにある。ただし，病気中に妻がとりにいくなど，「使者」に対する賃

金の支払いは許される。また，税金滞納のための賃金の差し押さえの場合，民事執行法に基づく差し押さえの場合についても，直接払いの原則は適用されない。

　使用者は，労働者から退職金債権を譲り受けた第三者に対して，賃金を支払わなければならないか。この点につき判例は，労働者が第三者に賃金債権を有効に譲渡した場合でも，直接払いの原則が適用され，使用者は直接労働者に賃金を支払わなければならず，使用者は賃金債権を第三者に支払うことは許されないと判断している（小倉電話局事件・最三小判昭43・3・12民集22巻3号562頁）。

3）全額払いの原則

　使用者は，賃金の全額を支払わなければならない（労基法24条1項）。その趣旨は，使用者が一方的に賃金を控除することを禁止し，賃金算定期間中に発生した賃金債権の全てが確実に労働者に支払われることを確保することにより，労働者の生活を保障することにある（シンガー・ソーイング・メシーン事件・最二小判昭48・1・19民集27巻1号27頁）。ただし，その例外として，①法令に別段の定めがある場合，②事業場の労働者の過半数代表と使用者との書面による協定による場合については，賃金の一部を控除して支払うことが認められている（同項但書）。法令に基づく控除の例としては，所得税，地方税，雇用保険料，年金保険料，健康保険料などの税徴収がある。また，給与から天引きを行う制度は，過半数代表と使用者との書面による協定が必要である。

　では，使用者が労働者に対して有する債権を賃金債権と相殺することは全額払いの原則に違反することになるか。労基法24条1項の趣旨が労働者の確実な賃金受領の確保にあることから，使用者が労働者に対して有する債権を自働債権とし，労働者の賃金債権を受働債権として一方的に相殺することは許されない（関西精機事件・最二小判昭31・11・2民

集10巻11号1413頁）。

　ただし，判例は，全額払いの原則の例外として，次のような場合の相殺を許容している。

　まず，過払いの賃金を清算するために行われる調整的相殺については，相殺が過払いのあった月と合理的に接着した時期になされ，かつ労働者の経済生活の安定をおびやかすおそれのない場合に限り，全額払いの原則が禁止する相殺にあたらないと解している（福島県教組事件・最一小判昭44・12・18民集23巻12号2495頁）。

　また，使用者が労働者の同意を得て相殺をすることは，相殺の合意が労働者の自由意思に基づくと認められる合理的理由が客観的に存在するときは，全額払いの原則に反しないとされる（日新製鋼事件・最二小判平2・11・26民集44巻8号1085頁）。ただし，相殺の同意が労働者の自由意思に基づくものであるとの認定は，厳格かつ慎重に行わなければならないというのが判例の立場である。これは，労働者の意思表示が事実上，使用者側の圧力に影響を受けることに配慮したものである。

　さらに，労働者の自由意思による賃金債権の放棄については，全額払いの原則に反しないためには，それが自由な意思に基づいてなされたものであると認めるに足る合理的な理由が存在していることが必要である（シンガー・ソーイング・メシーン事件・最二小判昭48・1・19民集27巻1号27頁）。すでに発生した賃金請求権を放棄する場合についても，労基法24条1項の趣旨に照らし，労働者の自由な意思に基づいてされたものであることが明確でなければならない（否定例として，北海道国際航空事件・最一小判平15・12・18労判866号14頁）。

4）毎月1回以上，一定期日払いの原則

　労基法は，毎月1回以上，一定期日に賃金を支払うことを使用者に義務づけている（労基法24条2項）。その趣旨は，毎月一定期日の支払い

を保障することにより労働者の経済生活の安定を図ることにある。この原則は，臨時に支払われる賃金や賞与・手当などで 1 か月を超える期間に対する賃金には適用されない（同項但書，労基則 8 条）。

（2）非常時払い

　労基法25条は，労働者が出産，疾病，災害その他厚生労働省令で定める非常の場合の費用に充てるために請求する場合には，支払期日前であっても，既に労働した部分に対応する賃金を支払わなければならないと規定している。

（3）出来高払制の保障

　使用者は，出来高払制で使用する労働者について，労働時間に応じて一定額の賃金を保障しなければならない（労基法27条）。労基法は金額を明記していないが，行政解釈は，通常の実収賃金とあまり隔たらない程度の収入が保障される額を定めるよう使用者に指導すべきものとしている（昭22・ 9 ・13発基17号，昭63・ 3 ・14基発150号）。

（4）未払賃金の立替払い

　政府は，賃金の支払の確保等に関する法律（賃金支払確保法）に基づいて，企業倒産により賃金未払いのまま退職した労働者に対して，未払賃金の立替払いを行っている（賃金支払確保法 7 条）。立替払いが行われるのは，労災保険法の事業主で 1 年以上事業を行っていた者が，破産宣告または特別清算の開始命令を受けた場合，更生手続開始の決定を受けた場合等である（同 7 条，賃確令 2 条，賃確則 8 条）。立替払いの対象となる賃金は，退職日の 6 か月前から，労働者が請求する日の前日までの間に支払期日の到来している未払賃金の80％相当額とされている

（同 7 条，賃確令 4 条）。

3．賃金額に対する法規制

（1）賃金と法規制

　賃金の額の決定に際しては，労働者と使用者の自治（労使自治）のもとで自由に決められるというのが原則である。すなわち，賃金の額については，労働基準法やその他の労働関係において，それがどれぐらいの水準であるかは規制していない。賃金額については，労使の自治に委ねられており，契約の自由が広く認められている。もっとも，労使の間で交渉力に差があることから，集団的労働関係の分野において，賃金の決定が労使対等のもとで行われるよう，集団的に労働条件を決定するための労使交渉の基盤を整備している。その水準は，わが国では，労使関係における春闘において相場が決定されてきた（第13章参照）。労働組合の交渉が行われないところでは，使用者の裁量に委ねられてしまうことも少なくない。

　とはいえ，市場原理にすべてを委ねていては，賃金が低額になってしまうという問題がある。そこで，最低限度の賃金額を確保する仕組みを設けている。これが最低賃金制度である。以下では，最低賃金制度についてみていくことにしよう。

（2）最低賃金制度

1）最低賃金制度の趣旨

　最低賃金制度とは，労働者の保護のために国が賃金の最低限度を定め，その最低賃金以上の賃金を労働者に支払わなければならないとする制度である。

　極めて低い賃金額が定められることになると，労働者の生活が困窮す

ることになり，企業間でも不公正な競争が行われることにつながることから，このような状況を回避するために最低賃金制度が設けられている。

　最低賃金制度は，最賃法によって1959年に制度化したものであるが，2007年に大幅に改正された。2007年改正の趣旨は，所得格差を是正し，最低賃金を生活保護のレベルを下回らないようにしようとするものである。

2）最低賃金制度の仕組み

　最低賃金制度の最も特徴のあるルールは，仮に最低賃金額より低い賃金を労使の合意で定めたとしても，それは法律により無効とされ，最低賃金額と同額の定めをしたものとみなされるところにある（最賃法 4 条 2 項）。

　最低賃金は，時間単位で定められる（同 3 条）。使用者は，最低賃金の概要を常時作業場の見やすい場所に掲示するなどの方法により労働者に周知する措置をとらねばならない（同 8 条）。なお，派遣労働者は，派遣先の事業場所在地の最低賃金額が適用される（同13条，18条）。

3）最低賃金の決定方式

　最低賃金制度の方式には 2 つの種類がある。それは，産業に関わりなく地域内のすべての労働者に適用される都道府県別の「地域別最低賃金」と，特定の産業に働く労働者に適用される「特定最低賃金」である。

　地域別最低賃金は，最低賃金審議会において，賃金の実態調査結果などの統計資料を参考にしながら審議が行われ，全国各地域について，労働者の生計費および賃金ならびに通常の事業の賃金支払能力を考慮して定めることとされており，その際には，生活保護に係る施策との整合性にも配慮するものとされる（最賃法 9 条 3 項）。これは，最低賃金と生

活保護の給付額の逆転現象を是正することを目的としている。

　最低賃金額の決定は，毎年，中央最低賃金審議会が地域最低賃金額改定の目安に関する公益委員見解を発表する。この目安は，地方最低賃金審議会の審議の参考として示すものであって，これを拘束するものではないとされる。地方最低賃金審議会は，関係労使の意見，賃金実態調査の結果等を考慮して審議し，最終的には都道府県労働局長が決定または改定する（同10条）。

　特定最低賃金は，一定の事業もしくは職業に係る最低賃金制度である。関係労使の申出により，厚生労働大臣または都道府県労働局長が，最低賃金審議会の意見をふまえて決定する（同15条）。特定最低賃金は，地域別最低賃金を補足する任意の制度として位置づけられる。

　最低賃金は，各都道府県で異なり，また，毎年改定されるので（通例は10月頃），自分の住む地域での最低賃金がいくらになるか確認するといいだろう。地域別最低賃金の全国加重平均額は引上げの傾向にある（表5-1参照）。もっとも，地域別最低賃金額が上がったとはいえ，最低賃金が高い地域で年間2,000時間働いたとしても，ワーキングプアと呼ばれる年収200万円に届かない状況にある。

表5-1　地域別最低賃金の全国加重平均額と引上げ率の推移

（単位：円，%）

最低賃金額＼年度	2010	2011	2012	2013	2014	2015	2016	2017	2018	2019
時間額	730	737	749	764	780	798	823	848	874	901
対前年度引上げ額	17	7	12	(15)	16	18	25	25	26	27
前年比(%)	2.38	0.96	1.63	2.00	2.09	2.31	3.13	3.04	3.07	3.09

厚生労働省作成資料（https://www.mhlw.go.jp/content/11302000/000534198.pdf）〈2020年10月1日確認〉
1　金額は適用労働者数による全国加重平均額である。
2　前年比は引上げ率（%）を示す。
3　2012年，2016年の引上げ額は全国加重平均の算定に用いる経済センサス等の労働者数の更新による影響分が含まれる。

4）最低賃金制度の課題

　最低賃金制度については，2つの観点からその課題が指摘されている。第1の論点は，最低賃金の水準である。わが国の最低賃金の水準は，国際的には先進国のなかでも低い水準にあると指摘されることも多い。最低賃金が引上げられたとしても，労働者への賃金の下支えの効果は限定的にとどまっている。わが国では，働いても十分な生活ができないというワーキングプアの問題が指摘されており，こうした現状において，最低賃金の水準が現状のままでいいのかという問題がある。もっとも，最低賃金の急激な引上げは，失業者を増やす可能性も高く，引上げ方も課題となる。

　第2の論点は，最低賃金の地域格差の問題である。現在最低賃金が一番高いのは東京であるが，2020（令和2）年10月の段階では，東京が1013円，最低賃金の最低額は792円と221円の違いが生じている。2006（平成18）年の段階では，この地域格差は1時間当たり109円とされていたところであるが，2020（令和2）年の段階では，地域間の差が大きくなっている。こうした地域間の格差は，労働者の不公平感を強める，人材確保と活性化を妨げる，地方の人口減少を加速させるといった問題点を指摘するものがある。こうした状況において，全国一律の最低賃金制度を導入する考え方も提案されている。非正規労働者が増えている現状において，最低賃金制度の役割はより重要なものとなっている。最低賃金制度のあり方をどのように考えるかが重要な課題といえよう。

学習 課題	1	賞与や退職金は，どのような目的で支給されているか。調べてみよう。
	2	最低賃金は世界各国で制度設計や支給水準が異なっている。諸外国の動向を調べて，日本の最低賃金制度の特徴を理解しよう。
	3	労働義務が履行不能になった場合，賃金が発生するのはどのような場合か。履行不能になった具体的事例を想定して，賃金請求権の発生の有無について整理してみよう。

参考文献

・土田道夫＝山川隆一編『成果主義人事と労働法』（日本労働研究機構，2003年）

・神吉知郁子『最低賃金と最低生活保障の法規制—日英仏の比較法的研究』（信山社，2011年）

・大竹文雄・川口大司・鶴光太郎『最低賃金改革：日本の働き方をいかに変えるか』（日本評論社，2013年）

6 | 長時間労働の是正と自律的な働き方

《**目標＆ポイント**》 労基法が定める労働時間の原則は一日8時間である。しかし、わが国では長時間労働の実態が長らく温存され、残業代を支払わない企業も少なくない。労働時間の実態はどのような状況にあり、労働時間の適正化をどのように進めていくべきか。本章は、労働時間の法規制の基本を学ぶとともに、長時間労働の是正と自律的な働き方をめぐる法律問題について考える。

《**キーワード**》 労働時間，時間外労働，労働時間の上限規制，高度プロフェッショナル制度

1. 労働時間政策と法の役割

（1）労働時間政策の歴史

なぜ労働時間は法律によって規制されるべきなのか。労働時間規制の目的に着目しながら、労働時間政策の歴史的変遷を確認してみよう。

19世紀には、年少者や女性の保護を目的とした労働時間規制や休日・深夜労働規制が展開された。たとえば、イギリスでは1833年に工場法が制定され、9歳未満の児童労働の禁止や年少者の労働時間の制限等が定められた。わが国においても、1911（明治44）年に工場法が制定され、そこでは女性や年少者の保護を目的とした労働時間規制が実施された。

20世紀に入ると、労働者一般を対象とした労働時間規制が展開されるようになる。わが国では、1947（昭和22）年に労基法が制定され、当時の国際水準を取り入れて労働者一般を対象とした1日8時間、週48時間

労働制が採用された。1日8時間としたことについては，戦後経済復興のためには短すぎるという意見もあったが，2割5分増以上の割増賃金を付与することにより，上限の設定なく時間外労働を無制限に認めることを前提に受け入れられた。労働時間規制の枠組みの基本はここで確立した。

戦後，勤労美徳とあいまって長時間労働が常態化するようになったが，1980年代に入るとそうした長時間労働が世界から「不公正競争」の批判材料とされるようになった。1987（昭和62）年の労基法改正により，法定労働時間が「週48時間」から「週40時間」に短縮され，この短縮が10年をかけて段階的に実施された。また，労働時間の柔軟化を認めるものとして，変形労働時間制，フレックスタイム制，事業場外労働と裁量労働のみなし労働時間制の整備が行われた。1997（平成9）年4月以降は，すべての事業場において法定労働時間は週40時間とされることになった。

戦後確立された日本的雇用の特徴は，長期の雇用保障とともに，契約内容を限定しない「メンバーシップ型」といわれる働き方である。わが国では，外部労働市場を利用した雇用調整が困難なこともあり，労働者の労働時間を調整するなどして企業の内的柔軟性を確保してきた。しかし，労働時間の規制目的は，労働者の健康確保をひとつの目的としているが，「Karoshi」として日本の過労死が国際的に注目されるなど，長時間労働が依然として問題となっている。産業構造の変化，少子高齢化，ライフスタイルの変化のなかで，労働時間政策のあり方は，改めて問い直されるべき課題として認識されるようになった。

長時間労働の背景にあったのが，戦後一貫して維持されてきた上限規制がない労働時間法制である。労働時間は原則として1日8時間，1週40時間とし（労基法32条），その例外として法定労働時間を超えて時間

外・休日労働をさせる場合には，労使協定（いわゆる36協定）を締結して行政官庁へ届け出ること（同36条），そして，時間外・休日労働に対しては割増賃金を支払わなければならないこと（同37条）としている。しかし，厚生労働大臣の限度基準告示（平10・12・28労告154号）によって，36協定で定める時間外労働の限度時間（たとえば月45時間，年360時間）が定められていたものの，この限度時間には罰則等による強制力がない上，年 6 回以内の臨時的な場合には「特別条項」を設けることが許されていた。また，「特別条項」における延長時間数に限度が設けられていなかったため，事実上，残業時間の上限を設定することなく労働させることが可能であった。

　こうした状況において，2018（平成30）年 6 月29日に「働き方改革関連法」が成立した。労働時間の上限規制，高度プロフェッショナル制度など，戦後の労働時間規制に重要な修正を加えるものとなった。

　働き方改革関連法の特徴は，法目的として，長時間労働の是正が，健康保持という観点だけではなく，女性のキャリア形成，高齢者の社会参加や，次世代の育成，ワーク・ライフ・バランスの実現を目的としている点にある。わが国では，長時間労働の是正が重要な課題となっているとともに，少子高齢化に伴う生産年齢人口の減少，育児や介護との両立などの働き方のニーズの多様化，働き方の多様化に対応する必要に直面している。多様化した就業形態および労働者のニーズの多様性に対する配慮を踏まえた労働時間規制のあり方が模索されているのが今回の働き方改革関連法の特徴であり，長時間労働の是正と多様な働き方の実現は，今後の労働時間政策の両輪と位置付けられうる。今回の働き方改革関連法は，長時間労働の是正と多様な働き方の実現とをあわせて議論したところにその特徴と意義が認められる。

　主要な法的課題は，長時間労働を是正することができるのかという点

にあるとともに，労働者による自律的な働き方が実現可能かという点にある。

（2）労働時間の推移

　労働時間の推移を諸外国と比較してみると，日本の労働者の年平均労働時間は，フランスやドイツの水準と比べると差があるものの，統計上は突出して年平均労働時間が長いわけではない（図6‐1）。1人あたりの年間総実労働時間でみてみると，規模5人以上の事業場の労働者1人あたりの年間総実労働時間は，1993（平成5）年には1,920時間であったが，2018（平成30）年には1,706時間となっている（図6‐2）。

　もっとも，このことは一般労働者の労働時間が減少していることを必ずしも意味しないことに留意する必要がある。週49時間以上働いている労働者の割合が諸外国に比べて高く，とくに男性にその傾向が強い状況にある（図6‐3）。一般労働者の労働時間は，ほぼ横ばいで推移しており（図6‐4），正社員の総実労働時間は，1980年代からほとんど変化していないという指摘もある。また，「週労働時間60時間以上の雇用者の割合」でみると，2009（平成21）年以降は10％程度で推移しており，2017（平成29）年は7.7％となっている。全年代の男性のうち，30歳代，40歳代で週60時間以上就業している者の割合が高くなっている。

　このように，一部の労働者，とりわけ男性の30代，40代を中心に長時間労働に従事している状況が構造化されている状況がみてとれる。こうした長時間労働は，健康の確保が困難になるだけでなく，少子化の原因や，女性のキャリア形成や男性の家庭参加を阻む要因となっている。

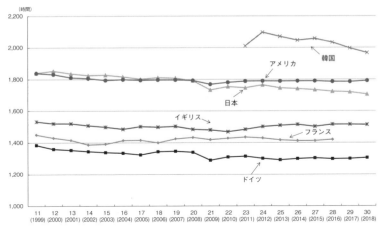

（資料出所）OECD Database（http://stats.oecd.org/Index.aspx?DatasetCode=ANHRS）2019年 7 月現在
（注）年平均労働時間は，各国雇用者一人当たりの年間労働時間を示す。

図6-1　諸外国における年平均労働時間の推移

出典：令和元年版過労死等防止対策白書

https://www.mhlw.go.jp/wp/hakusyo/karoushi/19/index.html

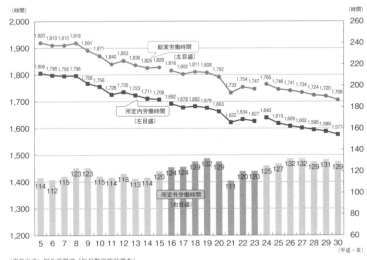

（資料出所）厚生労働省「毎月勤労統計調査」
（注）平成24（2012）年以降の数値は東京都の「500人以上規模の事業所」について復元して再集計した値（再集計値），平成23（2011）
　　年以前は従来公表してきた値（従来の公表値）より求めた。なお，平成16（2004）年から平成23年までの数値は，東京都の「500
　　人以上規模の事業所」について復元が行われていないものであることに留意。

図6-2　年間総実労働時間の推移

出典：令和元年版過労死等防止対策白書

https://www.mhlw.go.jp/wp/hakusyo/karoushi/19/index.html

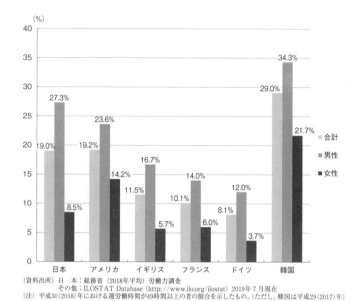

（資料出所）　日　本：総務省（2018年平均）労働力調査
　　　　　　　その他：ILOSTAT Database（http://www.ilo.org/ilostat）2019年7月現在
（注）　平成30（2018）年における週労働時間が49時間以上の者の割合を示したもの。（ただし、韓国は平成29（2017）年）

図6-3　諸外国における「週労働時間が49時間以上の者」の
　　　　割合（平成30年）
出典：令和元年版過労死等防止対策白書
https://www.mhlw.go.jp/wp/hakusyo/karoushi/19/index.html

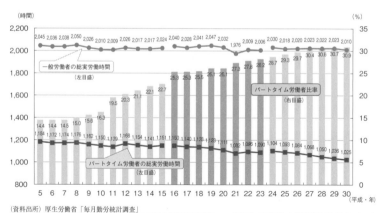

（資料出所）　厚生労働省「毎月勤労統計調査」
（注）　平成24（2012）年以降の数値は東京都の「500人以上規模の事業所」について復元して再集計した値（再集計値）、平成23（2011）
　　　年以前は従来公表してきた値（従来の公表値）より求めた。なお、平成16（2004）年から平成23年までの数値は、東京都の「500
　　　人以上規模の事業所」について復元が行われていないものであることに留意。

図6-4　就業形態別年間総実労働時間及びパートタイム労働者比率の推移
出典：令和元年版過労死等防止対策白書
https://www.mhlw.go.jp/wp/hakusyo/karoushi/19/index.html

コラム　各国の労働時間制度

　各国の労働時間法制は，それぞれの特徴を有している。

　ある分析によれば，労働時間の決定は 3 つのモデルで説明できるという（Berg, P., Bosch, G. and Charest, J (2014), 'Working-Time Configurations: A Framework for Analyzing Diversity across Countries', Industrial and Labor Relations Review, 67 (3) pp805-837.）。 3 つのモデルとは，使用者裁量型（例：アメリカ，イギリス），労使共同決定型（例：スウェーデン，ドイツ），法規制優先型（例：フランス）である。国によって労働時間規制の枠組みが相当程度違っている。

　EU 指令では，労働時間の上限基準として時間外労働も含めて週48時間という上限が設けられている。また，仕事が終わってから次の始業時間まで11時間の間隔を空けること，週に24時間の休息を与えることが規定されている。

　アメリカは，週40時間制の労働慣行がもっとも早く確立したものの，労働時間の規制が弱く，労使自治に委ねるものである。アメリカの公正労働基準法は労働時間を週40時間と定めるが，これを超える労働については割増賃金を支払うことを求め，労働時間の上限規制はない。また，特定の専門的なホワイトカラーについては，労働時間規制の適用除外としており（「ホワイトカラー・エグゼンプション」と呼ばれる），適用除外の対象範囲も広範であるところに特徴がある。労使自治に委ねる範囲が広いのがアメリカの法制度といわれる。

　これに対して，ドイツやフランスなどの欧州諸国は詳細な法的規制を設けている。たとえば，ドイツでは，産業別および企業別の交渉で労働時間等が決定され，労働者代表が労働時間などの労働条件に深く関与している。フランスでは，週35時間制を原則としており，法律が厳しくその枠組みを定めている。

　わが国では，働き方改革関連法により，労働時間の上限規制が導入された。法律による規制が強まったといえるが，日本の働き方が変わるかどうかは，今後の労使の取り組み次第といえよう。

2. 労働時間の法規制

(1) 労働時間の原則

　1日8時間，週40時間が，労働基準法の定める法定労働時間である。使用者は，原則として，労働者にこの法定労働時間を超えて労働させてはならない（労基法32条）。これは，法律が許容する例外にあたる場合を除いて，使用者が労働者を使用することができる最長労働時間を定めるものである。これを超えて労働させた場合には，原則として使用者に罰則が科せられる（同119条）。

　ただし，10人未満の商業・映画演劇業・保健衛生業・接客娯楽業の事業における週の法定労働時間は，特例として週44時間，1日8時間とされている（同40条1項，労基則25条の2）。

(2) 労働時間の概念

　法的に「労働時間」にあたるのはどのような時間か。最高裁判決は，始業時刻前および終業時刻後の作業服・安全保護具の着脱等にかかる時間の労働時間性が争われた事案において，労基法上の労働時間とは，「労働者の行為が使用者の指揮命令下に置かれたものと評価することができるか否かにより客観的に定まるものである」とし，使用者の指揮命令下に置かれたものと評価することができ，当該行為に要した時間は，それが社会通念上必要と認められるものである限り労基法上の労働時間に該当すると判断している（三菱重工業長崎造船所事件・最一小判平12・3・9民集54巻3号801頁）。

　労働時間か否かは，手待ち時間や研修時間，警備員の仮眠時間などのような場合に，労働者の私的活動か労働時間かが問題となる。仮眠時間の労働時間性が問題となった事案では，不活動時間であっても労働から

の解放が保障されていない場合には労基法上の労働時間であり，労働者は，仮眠時間中，労働契約に基づく義務として，仮眠室における待機と警報や電話等に対して直ちに相当の対応をすることが義務付けられているとして，仮眠時間の労働時間性を肯定している（大星ビル管理事件・最一小判平14・2・28民集56巻2号361頁，大林ファシリティーズ事件・最二小判平19・10・19労判946号31頁）。なお，同判決では，仮眠時間帯について賃金を別途定めることは妨げられるものではないとしている。

（3）時間外労働・休日労働

1）36協定と時間外労働義務

労働時間は原則として1日8時間，1週40時間である（労基法32条）。その例外として法定労働時間を超えて時間外労働・休日労働をさせる場合には，労使協定（いわゆる36協定）を締結して行政官庁へ届け出を行う必要がある（同36条）。すなわち，時間外労働・休日労働を命じるためには，事業場の過半数従業員を組織する労働組合あるいは過半数の従業員を代表する者との間で書面による協定を行い，当該協定を行政官庁に届け出ることが必要である（同条）。これが36協定と呼ばれるものである。

36協定の効果は，労基法上の刑事責任（同119条1号）を問われないという効果である（免罰的効力）。36協定は，この免罰的効果を超えて，私法上の時間外労働義務を設定するものではない。したがって，使用者が労働者に時間外労働・休日労働を命じるには，契約上労働者がこれに従わなければならない根拠が必要となる。

学説では，労働者の同意がないかぎり使用者は時間外・休日労働を命じられないという考え方もあるが，判例は，就業規則に時間外労働義務

を定めた規定がある場合，それが合理的なものであるかぎり，労働者は
これにもとづいて時間外労働を行なう義務を負うとしている（日立製作
所武蔵工場事件・最一小判平3・11・28民集45巻8号1270頁）。

2）労働時間の上限規制

　法定労働時間を超える時間外労働の限度時間は，原則として月45時
間，年360時間（1年単位の変形労働時間制の対象期間として3か月を
超える期間を定めて労働させる場合には，1か月について42時間，1年
について320時間）である（労基法36条4項）。

　そして，限度時間を超える時間外労働については上限が設定される。
具体的には，「当該事業場における通常予見することのできない業務量
の大幅な増加等に伴い臨時的に…限度時間を超えて労働させる必要があ
る場合」には，限度時間を超えて時間外労働をさせることができる（同
36条5項）。そして，時間外労働の上限については，①1か月について
時間外労働および休日労働できる時間は100時間未満（同条6項2号），
②2か月ないし6か月のそれぞれの期間における時間外労働および休日
労働の月平均労働時間は80時間以内（同条6項3号），③1年について
時間外労働ができる時間は年720時間以内（休日労働は含まない，同条
5項），④原則である45時間を超えることができる月数は1年について
6か月以内（同条5項），である（図6-5）。

　36協定で定めて時間外・休日労働をさせる場合であっても，上記の①
と②の要件を満たすものとしなければならない（同36条6項）。同条違
反については6か月以下の懲役または30万円以下の罰金が科される（同
119条1号）。

　36協定で定める必要がある事項については，①労働者の範囲，②対象
期間，③時間外・休日労働させることができる場合，④対象期間におけ
る1日，1か月および1年のそれぞれの期間における時間外労働時間ま

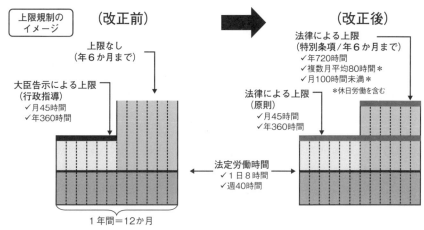

図6-5　労働時間の上限規制

出典：厚生労働省・都道府県労働局・労働基準監督署「時間外労働の上限規制　わかりやすい解説」（2018年）

たは休日労働日数，⑤厚生労働省令で定める事項である（同36条2項）。

　なお，新たな技術，商品又は役務の研究開発に係る業務，工作物の建設の事業，自動車の運転の業務，医業に従事する医師等については，その業務の特殊性等から時間外労働の上限規制の除外や猶予等が規定されている。

3）労働時間の状況の把握の実効性確保

　労働時間の状況の把握の実効性確保についても労働安全衛生法（安衛法）に規定され，事業主に対し，労働者の労働時間の状況を把握することを義務づけている（安衛法66条の8の3）。

　労働時間の適正な把握の方法については，厚生労働省が「労働時間の適正な把握のために使用者が講ずべき措置に関するガイドライン」（2017（平成29）年1月20日）を定めている。労働時間の把握については，原則として使用者が自ら現認して記録するか，タイムカード，IC

カード，パソコンの使用時間記録など客観的な記録によって記録することが求められる。自己申告とする場合は，適切な時間把握を行うよう十分な説明と，客観的記録から実態と申告が乖離する場合は，実態調査が義務づけられる。

4）割増賃金

　時間外・休日労働に対しては割増賃金を支払わなければならない（労基法37条，労基則20条）。割増賃金の支払いを使用者に義務づける趣旨は，時間外労働の抑制にある（医療法人社団康心会事件・最二小判平29・7・7労判1168号49頁）。時間外，深夜（22時～5時）は25％以上，休日労働は35％以上（平6・1・4政令5号，改正平12・6・7政令309号）である。また，1か月60時間を超える時間外労働は，50％以上の割増賃金が必要である。なお，時間外と深夜が重複する場合には50％以上（60時間以上の場合は75％），休日と深夜が重複する場合には60％以上の割増賃金率になる。

　2008（平成20）年の労基法改正において，長時間労働の抑制策として月60時間を超える時間外労働の割増賃金率は5割以上とされたが（同37条1項），中小企業については当面の猶予措置がなされていた（同138条）。この猶予措置は2023（令和5）年4月1日をもって廃止することとされた。

　使用者が割増賃金を手当として支払う場合や，通常の賃金に毎月定額で支払う場合がある。判例は，通常の労働時間の賃金に相当する部分と割増賃金にあたる部分とを判別できること，割増部分が法所定の割増賃金を下回らないことを満たすものでなければ，割増賃金が支払われたものとはいえないとしている（高知県観光事件・最二小判平6・6・13労判653号12頁，テックジャパン事件・最一小判平24・3・8労判1060号5頁）。

（4）労働時間の弾力的規制

　産業構造が転換し，第3次産業の就業者が70%を超えるとともに，IT，IoT，AI の飛躍的発展によって，働き方が多様化するとともに新たな働き方が生まれる可能性がある。こうした産業構造の変化により，定型的な労働時間規制が実情にそぐわない就業形態も多くなっている。労働時間制度の柔軟化の一環として，変形労働時間制，フレックスタイム制，裁量労働制などが導入されているが，労働者の創造的・専門的能力を発揮できる自律的な働き方に対応した労働時間法制の見直しの必要性が指摘されている。

　さまざまな働き方に対応しやすくなるよう，労働者が，いつ，どれだけ働くかを決定できる労働時間制がある。それが変形労働時間制，フレックスタイム制，みなし労働時間制である。

1）変形労働時間制

　変形労働時間制とは，一定期間を平均して週40時間を超えないことを条件に，1日8時間・1週40時間の法定時間を超えて労働させることのできる制度である（労基法32条の2，32条の4，32条の5）。変形労働時間制には1か月以内の期間を単位とするものと一年以内の期間を単位とするものがあり，変形制の枠の範囲内の労働時間であれば，時間外労働とは扱われないことになる。

　たとえば，1か月単位の場合，4週間平均で週あたり40時間を超えていなければ，1日あるいは1週の法定労働時間を超えていたとしても，4週間を平均すれば週40時間の枠内であれば，法定労働時間内の労働とみなすというのが変形労働時間制である。

　1か月単位の変形制は，各週，各日の労働時間について，事前に就業規則等で具体的に特定されていなければならず，変更する場合であっても，変更の予測が可能な程度に具体的事由を定めておく必要がある（JR

東日本事件・東京地判平12・4・27労判782号6頁）。

　1年間の変形制は，事業場の労使協定によって制度内容を定めることを必要とする。

2）フレックスタイム制

　フレックスタイム制とは，清算期間で定められた所定労働時間の枠内で，労働者が始業・終業時刻を自由に選べる制度である（労基法32条の3）。あらかじめ，一定期間における総労働時間を設定し，実際に労働した時間がその総労働時間の枠内であれば，たとえ1日8時間週40時間を超えたとしても，法的に時間外労働とは扱われない。出退勤の時間帯を定めることも多く，例えば，出勤は7時から10時の間，退勤は15時から18時の間と定め，10時から15時をコアタイムとして全員が出勤している時間帯とするのがフレックスタイム制のひとつの例である。

　2018（平成30）年の労基法改正により，清算期間の上限が従来の1か月から3か月に延長された（同32条の3第1項2号）。清算期間が1か月を超える場合には，当該清算期間をその開始の日以後1か月ごとに区分した期間ごとに各期間を平均し，各月で週平均50時間を超えない範囲内で労働させることができるとし，週平均50時間を超えた場合は，使用者はその各月で割増賃金を支払う必要がある（同条第2項）。また，清算期間が1か月を超える場合の協定の届出の義務づけ（同条4項）などの改正がなされている。

3）みなし労働時間制

　みなし労働時間制とは，一定の条件のもとで，実際の労働時間とは関係なく，一定の時間労働したものとみなす仕組みである。つまり，実際の労働時間にかかわらず，みなし労働時間だけ労働したものと扱うというのがポイントになる。

・事業場外労働のみなし労働時間制

　外回りの営業担当や在宅勤務者などの働き方については，労働時間の管理や算定が困難である。そこで一定の時間だけ労働したものとみなすことができる仕組みである（労基法38条の２）。ただし，利用ができるのは労働時間を「算定し難い」場合だけであり，たとえ外で働いていたとしても，スマートフォンや携帯端末等によって労働時間管理が可能な場合にはこの規定は適用されない。

・裁量労働のみなし労働時間制

　労働者が仕事について裁量を有し，専門的な働き方をしている場合には，実際の労働時間数に関わりなく，一定の労働時間だけ労働したものとみなすことができるようになっている。それが裁量労働のみなし労働時間制であり，専門業務型裁量労働制と企画業務型裁量労働制の２種類がある。

〈専門業務型裁量労働制〉

　　専門業務型裁量労働制は，「業務の性質上その遂行の方法を大幅に当該業務に従事する労働者の裁量に委ねる必要があるため，当該業務の遂行の手段及び時間配分の決定等に関し使用者が具体的な指示をすることが困難」な場合，労使協定の締結・届け出を条件に，労働時間のみなし制の適用が認められる（労基法38条の３）。この業務の対象となるのは，新商品，新技術の研究開発，情報処理システムの分析または設計の業務，デザイナー，ディレクター，プロデューサー，公認会計士，弁護士，一級建築士等の19の業務である。

〈企画業務型裁量労働制〉

　　「事業の運営に関する事項についての企画，立案，調査及び分析の業務」についても，裁量労働のみなし労働時間制の適用が可能で

ある（労基法38条の4）。この場合，職種による限定はなく，一定
の要件を満たす場合に適用できる。

　具体的には，①事業の運営に関する事項についての業務であるこ
と，②企画，立案，調査および分析の業務であること，③当該業務
の性質上，これを適切に遂行するためには，その遂行の方法を大幅
に労働者の裁量に委ねる必要がある業務であること，④当該業務の
遂行手段および時間配分の決定などについて，使用者が具体的な指
示をしないこととする業務であることに該当する必要がある。

（5）勤務間インターバル制度の普及促進等

　勤務間インターバル制度とは，前日の終業時刻と翌日の始業時刻との
間に一定の休息の確保を図る制度のことをいう。労働時間等の設定の改
善に関する特別措置法は，事業主等の責務として，終業から始業までの
時間の設定を講ずることを努力義務として規定した（労働時間等設定改
善法2条）。また，事業主が他の事業主との取引を行う場合に，著しく
短い期限の設定及び発注の内容の頻繁な変更を行わないよう配慮に努め
ることも規定された（同条4項）。

（6）労働時間規制の適用除外

1）特定業種の労働時間規制の適用除外

　労働時間等の規制が適用除外となる場合がある。まず，①農業・水産
業に従事する者，②管理監督者，機密事務取扱者，③監視・断続的労働
従事者については，労働時間，休憩，休日に関する労基法の規制が適用
されない（労基法41条）。この規定は，自然相手の仕事や特殊な仕事に
ついては，労働時間規制を及ぼすことは適当ではないという考え方に基
づく。なお，適用除外とされるのは，「労働時間，休憩，休日」に関す

る規定のみであり，深夜労働や年次有給休暇の規制などは含まれない（ことぶき事件・最二小判平21・12・18労判1000号5頁）。管理監督者は，「経営側」の立場にあるとして適用除外とされているが，管理監督者に該当するかどうかは，肩書きではなく，実態に即して判断される（日本マクドナルド事件・東京地判平20・1・28労判953号10頁）。

2）高度プロフェッショナル制度

　「高度プロフェッショナル制度」とは，職務の範囲が明確で高度の専門的知識を必要とする業務に就く労働者について，所定の要件を満たすことにより，労基法第4章の定める労働時間，休憩，休日，深夜の割増賃金に関する等の規定を適用除外とする制度である（労基法41条の2）。

　対象業務となるのは，「高度の専門的知識等を必要とし，その性質上従事した時間と従事して得た成果との関連性が通常高くないと認められるものとして厚生労働省令で定める業務のうち，労働者に就かせることとする業務」である（同条1項1号）。法案の検討段階では，労働政策審議会「今後の労働時間法制等の在り方について（建議）」（平27・2・13）において，対象業務としては「高度の専門的知識，技術又は経験を要する」とともに「業務に従事した時間と成果との関連性が強くない」という業務が想定されており，その例として，「金融商品の開発業務，金融商品のディーリング業務，アナリストの業務（企業・市場等の高度な分析業務），コンサルタントの業務（事業・業務の企画運営に関する高度な考案又は助言の業務），研究開発業務等」が念頭におかれている。具体的には省令で定める。

　対象労働者は，以下の2つの要件を満たす必要がある。①書面等による合意に基づき職務の範囲が明確に定められていること，②1年間の賃金額が，「基準年間平均給与額」を基準としてその金額の3倍の額を相当程度上回る水準として厚生労働省令で定める額以上であることである

（同条1項2号）。なお，対象となる賃金額については，前述の建議において労基法14条に基づく告示の内容（1075万円）を参考にするとされていたところであるが，具体的には省令で定めることとなっている。

　高度プロフェッショナル制度の導入手続については，労使で構成される労使委員会を設置し，委員の5分の4以上の多数による議決により10の事項について決議すること，決議を行政官庁に届け出ること，対象労働者の範囲に属する労働者ごとに職務の内容及び制度適用について同意を得ることが必要である（同41条の2）。10の事項というのは，①対象業務の内容，②対象労働者の範囲，③健康管理時間を把握する措置，④対象労働者に付与する休日の日数，⑤対象労働者に講じる措置，⑥健康及び福祉を確保する措置，⑦同意の撤回，⑧苦情処理への対応，⑨不同意労働者への対応，⑩その他である。

　このうち，③から⑤は必須の措置になる（同条但書）。具体的には，対象労働者の健康管理を行うために健康管理時間を把握する措置が必要となり，健康確保措置として，年間104日以上，かつ，4週間を通じて4日以上の休日を義務づけられる。加えて，対象労働者に講じる措置として，①勤務間インターバル制度と深夜労働の回数制限，②1か月または3か月の健康管理時間の上限措置，③2週間連続の休日を年に1回以上，④省令に定める要件に該当する労働者に健康診断，のいずれかの措置を実施することが義務づけられる。制度の対象者について，在社時間等が一定時間を超える場合には，事業主に医師による面接指導の実施が義務づけられる（安衛法66条の8の4）。なお，衆議院における修正として，対象労働者の同意の撤回に関する手続が労使委員会の決議事項とされた。

3．労働時間法制の課題

　労働時間法制の課題として，実務的にも法理論的にも重要なポイントとなるのは，次の 3 つの点である。

（1）労働時間の上限規制の実効性

　第 1 は，労働時間の上限規制である。働き方改革関連法により，36協定でも超えることができない罰則付きの時間外労働の上限規制が導入された。労働時間の上限が，いわゆる「過労死ライン」とされる時間外80時間を上回っていることについては，批判されてもやむを得ない部分もあるが，労働基準法において労働時間の上限が規定され，かつ罰則によって規制できる仕組みになったことはわが国において初めてのことであり，長時間労働の是正の一歩としてまずは評価できるであろう。

　とはいえ，こうした労働時間の上限規制の枠組みが機能するかどうかは，労使の取り組みと実際の運用次第である。参議院厚生労働委員会の附帯決議では，36協定の特別条項について，「労使が年720時間までの特例に係る協定を締結するに当たっては，それがあくまで通常予見できない等の臨時の事態への特例的な対応であるべきこと，安易な特例の活用は長時間労働の削減を目指す本法の趣旨に反するもので，具体的な理由を挙げず，単に『業務の都合上必要なとき』又は『業務上やむを得ないとき』と定めるなど恒常的な長時間労働を招くおそれがあるもの等については特例が認められないこと，特例に係る協定を締結する場合にも可能な限り原則水準に近い時間外労働とすべきであることを指針等で明確化し，周知徹底するとともに，都道府県労働局及び労働基準監督署において必要な助言指導を実施すること（附帯決議 3 ）」とされている。こうした趣旨を反映した運用がなされるかどうかが第 1 のポイントとな

る。

（2） 自律的な働き方の推進

　第2は，自律的な働き方の推進である。高度プロフェッショナル制度は，職務の範囲が明確で一定の年収を有する労働者が，高度の専門的知識を必要とする等の業務に従事する場合に，年間104日の休日を確実に取得させること等の健康確保措置を講じること，本人の同意や委員会の決議等を要件として，労働時間，休日，深夜の割増賃金等の規定を適用除外とするものである。現代では，従来型の労働時間管理がうまく適合しない個人の専門的能力や創造的アイディアを発揮する仕事も増加している。今回の「高度プロフェッショナル制度」は，労働時間制度と賃金制度を分離する方向性を示す法制度の一歩として位置づけられる。

　しかし，労働者が主体的に働き方を選択していくためには，ワークルール教育の取り組みや労働者が自ら判断していくための法的な基盤整備が不可欠となる。また，高度プロフェッショナル制度が濫用的に運用されないための対策も必要であろう。労働者の健康を確保しながら，労働者の自律的な働き方を選択することが可能となる法政策のあり方を今後も模索していくことが第2のポイントである。

（3） 労使による働き方の改善

　第3は，労使による働き方の改善を促す仕組みである。労働者と使用者が対等な立場で労働時間の決定・変更について協議することができるようにすることが重要であり，この観点から労使委員会の手続き等が今回規定された点は注目される。長時間労働は，法的な問題であるとともに，企業文化や取引慣行を見直すことも必要となる。働き方の根本にある長時間労働の文化を変えつつ，企業の経済活動の活性化を両立するた

めには，労使の継続的な議論と取り組みが不可欠である。

　長時間労働を前提とした働き方を改めることが，労働者の健康確保と
ワーク・ライフ・バランスを改善する一歩となる。労基法と行政的規制
だけで「働き方改革」が容易に実現できるわけではなく，労使自治を機
能させていく法的枠組みを構築することが，法案の影に隠れている重要
な第3のポイントである。

**学習
課題**

1　諸外国の労働時間制度にはどのような特徴があるだろうか。調べてみ
　　よう。
2　アメリカでは，ホワイトカラー・エグゼンプションとして労働時間規
　　制の適用除外が広く認められている。どのような働き方がその対象と
　　なっているだろうか。
3　長時間労働が常態化している職場において，そうした働き方を是正し
　　ていくためには，どのような方策が有効か。

参考文献

・道幸哲也＝開本英幸＝淺野高宏編『変貌する労働時間法理―"働くこと"を考える』
　（法律文化社，2009年）
・大内伸哉『労働時間制度改革』（中央経済社，2015年）
・岡崎淳一『働き方改革のすべて』（日本経済新聞出版，2018年）

7 | 仕事と生活の調和

《**目標＆ポイント**》 働き続けるうえでは仕事と生活の調和を図ることが重要である。生活に大きく影響する配転などの人事権の行使はどのように行われるべきか。また，年次有給休暇（年休）を取得しやすくするためには何が必要か。ここでは，人事，年休，育児介護休業など，仕事と生活の調和に関わるルールについて検討する。

《**キーワード**》 年休，産前産後休業，育児休業，介護休業，配転，人事権

1. 仕事と生活の調和

（1）仕事と生活の調和の必要性

近年，仕事と生活の調和（ワーク・ライフ・バランス）を実現することが重要な政策課題となっている。そこで念頭におかれている問題意識は論者によって異なるが，女性の就業率の増加，高齢化などの人口構造の変化，勤労者意識の変化などを背景に，これまでの典型的な働き方，すなわち私生活や家庭生活を代償にしながら職場に長時間にわたって拘束されるという仕事中心の働き方を見直す必要性が，広く認識されるようになったのは否定しえない事実といえよう。働くことは社会に貢献し，個人としても充実感をもたらすものであることは間違いないが，働くことばかりが人生ではなく，趣味を楽しみ，家族と共に過ごし，社会の構成員として充実した生活を送ることも，人間らしく生きるために必要不可欠な要素である。

　戦後の日本では，フルタイムの男性を中心とした労働時間を限定せ
ず，広い人事権を使用者側が保持する形で雇用慣行が形成された。しか
し，こうした働き方を見直す動きが広がっている。

　仕事と生活の調和を実現するにはどのような観点に留意すべきか。留
意すべき観点として以下をあげることができる。

　第1は，仕事と生活の調和という理念を法解釈に反映することであ
る。労契法3条3項には，仕事と生活の調和の理念を規定しており，今
後は，労働法学の解釈論においても重要な視点となりうる。

　第2は，雇用平等の実現という観点である。週60時間以上働く男性労
働者の割合が高い一方で，結婚出産を機に退職する女性が多いという実
態も依然として残っている。わが国では，現実の社会における性別によ
る役割分業の意識が強固である。しかし，雇用平等を実現するために
は，家族的責任を男女共通の問題としてとらえる視点が不可欠である。

　第3は，均等待遇，均衡待遇という観点である（第11章参照）。育児
介護等休業を取得した労働者，短時間正社員制度を利用した労働者等に
ついても，均等待遇，均衡待遇を図ることが重要な課題となる。

　第4は，年休・休業の位置づけに関する。労働者は当然のことなが
ら，家に帰れば家庭人であり，社会の構成員でもある。年休・休業を保
障されることが，市民としての生活を維持しながら働き続ける基盤とな
る。また，年休・休業を保障することは，有能な労働者の流出を防ぐこ
とにつながり，企業側のメリットも少なくない。

　第5は，労働市場との関連である。労働力人口の減少に対応するため
に，高齢者・女性の労働市場参入をさらに促すことが予想される。正社
員を念頭においた硬直的制度は，高齢者や子どもをもつ親にとって労
働市場の参入を阻害する要因となることから，個別のニーズに応じた柔
軟な対応を可能とする制度を構築するとともに，制度を利用できる環境

を整備することが求められている。

　少子高齢化と人口減少の進展を見据えたときには，今後は，男性に限らず，女性や高齢者，障害者や外国人など，多様な働き手による社会参加が指向されるようなっている。こうした観点からは，仕事と生活の調和という観点から，年休や休業のあり方をとらえる必要がある。

（2）年休・休業の実状

　問題状況を把握するために，年休・休業の実状について特徴的と思われる点を指摘しておきたい。

　まず，わが国において年休取得率の低さはほとんど改善されていない。2018（平成30）年の年休取得率は52.4％で，取得した日数は平均9.4日であった（図7-1）。年休を取得しない理由としては，周りへの迷惑や職場の雰囲気などを理由に取得をためらう労働者が多く，また，病気や急な用事のために年休の取り控えが行われているのが実態である（図7-2）。こうした状況を受けて，年5日以上の年休取得を使用者に

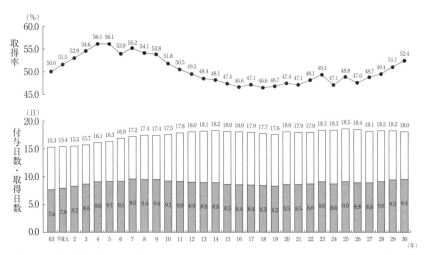

（資料出所）厚生労働省「就労条件総合調査」（平成11年以前は「賃金労働時間制度等総合調査」による）

図7-1　年次有給休暇の取得率等の推移

◎年次有給休暇の取得へのためらい

無回答 0.7%
まったくためらいを感じない 8.9%
あまりためらいを感じない 24.3%
ためらいを感じる 22.6%
ややためらいを感じる 43.4%

◎ためらいを感じる理由（複数回答）

みんなに迷惑がかかると感じるから　73.3%
後で多忙になるから　43.5%
職場の雰囲気で取得しづらいから　30.2%
上司がいい顔をしないから　16.1%
昇格や査定に影響があるから　8.6%
その他　6.8%
無回答　0.3%

※資料出所：「労働時間等の設定の改善の促進を通じた仕事と生活の調和に関する意識調査（平成25年）」

図 7-2　年次有給休暇取得をためらう理由

義務づけることとなった（労基法39条 7 項，8 項）。

　育児休業については，厚生労働省による2018年の調査によると，育児休業取得率は女性82.2%，男性6.16%であり，男性の育児休業の取得は依然として進んでいない。女性の取得率についても，働いている女性の結婚や出産を機に多くの人が退職していることを考慮すると，割り引いて考える必要がある。

2．人事異動

　人事異動とは，配転，出向，昇進・昇格，休職など，企業内において労働者の地位や処遇を変更することをいう。

（1）配転

1）配転命令権の根拠

　配転とは，企業組織内における労働者の配置の変更のことである。配転は，勤務場所の変更をともなう転勤と職務内容の変更をともなう配置転換に分けられる。

　わが国では，人事異動を通じて人材の育成を図ることが企業で一般的に行われており，配転は能力開発や適正配置を目的として実施されている（ジョブ・ローテーション）。また，従業員の補充，余剰人員の雇用調整などを目的として配転が行われることもある。

　では，使用者は配転を一方的に命じることができるだろうか。配転命令の法的根拠については，次のような学説の考え方がある。1つは，労働契約において，労働者は労働力の処分を包括的に使用者に委ねるから，使用者は，包括的な処分権を取得するという包括的合意説とよばれる考え方である。もう1つは，配転はあくまで契約上の合意に基づくものであり，労働者は合意の範囲内でのみ命令に従う義務があるとする契約説とよばれる考え方である。

　判例は，職種・勤務地限定の合意の有無，就業規則上の配転条項などに基づき，労働契約を解釈したうえで，配転命令権の有無を判断している（東亜ペイント事件・最二小判昭61・7・14労判477号6頁）。一般に，正社員の場合には，就業規則や労働協約上の配転条項があれば，労働協約や就業規則によって配転命令権が労働契約上根拠づけられることになり，使用者の配転命令権が肯定されることになる。

　労働契約において職種や勤務地を限定する合意がある場合には，配転命令権は合意の範囲内に限定されることになる。ただし，判例はそのような合意を容易には認めていない。たとえば，20年以上にわたり機械工として勤務してきた場合（日産自動車村山工場事件・最一小判平元・12・7労判554号6頁），放送局のアナウンサーとして業務に従事してきた場合（九州朝日放送事件・最一小判平10・9・10労判757号20頁）でも職種限定の合意は認められていない。

　労働契約で，職種を限定して採用された場合，他の職種に配転するには，本人の同意が必要である。また，勤務場所を決めて採用されている

場合，住居の変更をともなう勤務地の変更にも本人の同意が必要である。

2）配転命令権の濫用

　配転が，労働契約の範囲内であっても，権利濫用の有無が判断され，権利行使の不当性が問題となる。判例は，権利の濫用にあたる場合を次のように整理している（前掲・東亜ペイント事件）。まず，①業務上の必要性が存しない場合である。そして，業務上の必要性が認められる場合であっても，②不当な動機・目的をもってなされた場合，③労働者に対し通常甘受すべき程度を著しく超える不利益を負わせる場合，配転命令は権利の濫用となる。

　濫用判断について個別にみると，業務上の必要性については，当該転勤先への異動が余人をもっては容易に替え難いといった高度の必要性までは求められておらず，「労働力の適性配置，業務の能率増進，労働者の能力開発，勤務意欲の高揚，業務運営の円滑化など企業の合理的運営に寄与する点が認められる限りは，業務上の必要性の存在を肯定すべきである」（前掲・東亜ペイント事件）として，緩やかにその必要性が認められている。

　不当な動機・目的としては，組合嫌悪による場合，公益通報等に対する報復などの場合が典型である。

　労働者の不利益については，裁判例では，単身赴任せざるをえないという事情だけでは，「通常甘受すべき程度を著しく超える不利益」とは認められていない（帝国臓器製薬事件・最二小判平11・9・17労判768号16頁）。

　配転を命じる際には，仕事と生活の調和が要請されている（労契法3条3項）。また，使用者は，労働者の就業場所の変更にあたって，子の養育または家族の介護状況に配慮する義務を負う（育介法26条）。配転

命令権の濫用を判断する際には，使用者が労働者の生活上の不利益にどの程度配慮したかが考慮されることになる。

　裁判例には，3歳の子を養育している女性労働者に対する片道1時間45分を要する勤務地への配転命令について，保育園に預けている子どもの送迎等で支障が生じる不利益は少なくないとしながらも，配転命令は有効と判断したものがある（ケンウッド事件・最三小判平12・1・28労判774号7頁）。一方，重度のアトピー性皮膚炎の子ども2人を看護していたケースでは，配転命令権の濫用と判断されている（明治図書出版事件・東京地決平14・12・27労判861号69頁）。

（2）出向・転籍
1）出向命令権とその濫用

　出向とは，労働者が出向元会社の地位を保持したまま，一定期間，他企業の業務に従事することをいう。こうした出向は，在籍出向とよばれ，元の会社との労働契約が終了する転籍と区別される。出向は，勤務する職場が同一会社内の配転と異なり，他の会社の事業所等に勤務し，出向先の会社の指揮命令に服する点に特徴がある。

　では，使用者は何を根拠に労働者に出向を命じることができるだろうか。出向は本来の使用者とは異なる第三者の指揮命令のもとで就労させるものであるので，労働者の承諾が必要であると解されている。その根拠としては，使用者の権利の譲渡には労働者の承諾を要すると規定する民法625条1項がある。

　問題は，この場合の承諾が事前の包括的同意で足りるのか，それとも労働者の個別的同意を要するのかという点である。判例は，就業規則上に根拠規定があり，出向先での賃金や出向期間，復帰の仕方等に関して労働者の利益に配慮して規定されているケースにおいて，労働者の個別

同意なしに出向を命じることができると判断している（新日本製鐵（日鐵運輸第 2 ）事件・最二小判平15・ 4 ・18労判847号14頁）。

　労契法14条は，使用者が労働者に出向を命ずることができる場合であっても，その出向命令が権利を濫用したものと認められる場合には，無効となることを明らかにしている。その出向命令が権利濫用であるかどうかを判断するにあたっては，出向を命ずる必要性，対象労働者の人選基準の合理性，生活関係，労働条件等における不利益，手続きの相当性などの事情が考慮される。

2 ）出向中の法律関係

　一般に，出向においては，労使間の権利義務が出向元と出向先の間で分割され，部分的に出向先に移転すると解されている。出向元企業の権利義務のうちどの部分が譲渡されるかは，通常出向協定によって定められることになる。一般的に，就労に関わる指揮命令権，安全配慮義務などは出向先が負うことになる。これに対して，出向元には，解雇などの労働契約上の地位に関わる権限が残ると解されている。

　出向から復帰する場合に，労働者の同意が必要かという点については，判例は，将来出向元へ復帰することを予定して出向が命じられているかぎり，復帰命令に改めて労働者の同意を得る必要はないと解している。

3 ）転籍

　転籍とは，現在雇用されている使用者との労働契約を終了させ，他企業との間に新たに労働契約関係に入ることをいう。一般的には，従前の使用者との労働契約を合意解約し，新たな使用者と労働契約を締結するとう方法がとられている。

　転籍は，労働者の合意解約の意思表示を前提としているので，労働者の同意が必要となる。就業規則や事前の合意では足りず，労働者本人の

個別の同意が必要であり，使用者は一方的に転籍を命じることはできない。

（3） 昇進・昇格・降格

　昇進とは，係長，課長，部長などの企業組織上の職位の引上げを意味する。昇格とは，職能資格・等級の引上げを意味する。降格は，資格・等級の引下げと職位の引下げの双方が含まれる。

　一般に，昇進や昇格の判断は，人事考課に基づいて行なわれるため，使用者の裁量が広く認められている。もっとも，特定の労働者を差別的に昇進・昇格させない場合には違法性が問題になる。組合活動を理由にするなど不当労働行為にあたる場合（労組法7条）や，差別的取扱いや嫌がらせによって昇進・昇格をさせない場合（労基法3条，均等法6条）は違法となり，労働者は不法行為に基づき損害賠償を請求することができる。

　管理職等の職位に関する降格については，使用者の裁量が認められるが，人事権の行使は，労働者の人格権を侵害する等の違法・不当な目的・態様をもってすることは許されない。使用者の裁量を逸脱しているかどうかは，業務上・組織上の必要性の有無およびその程度，能力・適性の欠如等の労働者側における帰責性の有無およびその程度，労働者の被る不利益の性質およびその程度等を総合考慮して判断される。これに対し，資格の引下げにより，賃金が連動して減額される場合には，労働者の同意や就業規則上の規定など契約上の根拠が必要である。

（4） 休職

　休職とは，労働者に就労させることが適切でない場合に，労働契約関係そのものは存続させながら，就労を一次禁止または免除することをい

う。その例として，①労働者の業務外の疾病や負傷を理由とする傷病休職，②事故による欠勤を理由とする事故欠勤休職，③刑事事件で起訴されたものを休職させる起訴休職，④出向期間中の出向休職，⑤留学などのために行なわれる自己都合休職などがある。法律上の休職制度としては，産前産後休業，育児休業，介護休業および子の看護休業などがある。病気休職，起訴休職などは，就業規則などに基づく休職制度になる。

　問題になるのは，休職の終了時の取扱いである。休職していた理由がなくなることで休職は終了し，職場に復帰することになるが，休職期間満了時点において当該休職事由が存続している場合には，自動退職扱いとされることが多いため，いかなる場合に復職可能になったといえるかが問題となる。

　傷病休職において休職事由の消滅を認めるためには，原則として，従前の職務を支障なく行いうる状態に復帰したことが必要である。裁判例は，復職の要件とされる「治癒」とは，「従前の職務を通常の程度に行える健康状態に復したとき」をいうと解している（平仙レース事件・浦和地判昭40・12・16労判15号6頁）。もっとも，休職期間終了時にそうした状態に達していない場合であっても，相当期間内に治癒することが見込まれ，かつ当人に適切なより軽い業務がある場合には，使用者はそのような業務に配置すべき信義則上の義務を負い，契約の自動終了という効果は発生しないと解釈されている（エール・フランス事件・東京地判昭59・1・27労判423号23頁，JR東海事件・大阪地判平11・11・4労判771号25頁）。

3. 年休

（1）年休権の成立

　使用者は，雇入れ日から起算して6か月以上継続勤務し，全労働日の8割以上出勤した労働者に対して，継続しまたは分割した10労働日以上の有給休暇を与えなければならない（労基法39条1項）。また，年休日数は，通算1年6か月以上継続勤務した場合には1年につき1労働日，3年6か月以上継続勤務した場合には1年につき2労働日が加算され，最大20日を上限に加算される（同条2項，表7-1）。

　所定労働日数の少ない労働者については，所定労働日数に比例して算定された日数が付与される（同条3項，表7-2）。過半数組合・過半数労働者との間で労使協定を締結し，労働者の範囲や日数等を定めることにより，年休のうち5日まで時間単位で年休を取得できる（同条4項）。

表7-1　年休の付与日数

継続勤務年数	6か月	1年6か月	2年6か月	3年6か月	4年6か月	5年6か月	6年6か月以上
付与日数	10日	11日	12日	14日	16日	18日	20日

表7-2　所定労働日数の少ない労働者の年休付与日数

週所定労働日数	1年間の所定労働日数		継続勤務年数						
			6か月	1年6か月	2年6か月	3年6か月	4年6か月	5年6か月	6年6か月以上
4日	169日〜216日	付与日数	7日	8日	9日	10日	12日	13日	15日
3日	121日〜168日		5日	6日	6日	8日	9日	10日	11日
2日	73日〜120日		3日	4日	4日	5日	6日	6日	7日
1日	48日〜72日		1日	2日	2日	2日	3日	3日	3日

　具体的な取得時期については，労働者が時季指定権を行使することによって特定される（同条 5 項）。ただし，労働者の請求した時季に年休を与えることが事業の正常な運営を妨げる場合には，使用者は時季変更権を行使できる（同条 5 項但書）。

　ここで指摘しておきたいのは，わが国の年休の特殊性である。ILO 第52号条約は，最低 6 日間は分割付与を認めておらず，また，出勤率を年休の要件に含めていない。また，年休の取得時季については，諸外国では使用者が決定権限を有し，その際に労働者の希望を考慮しなければならないとする仕組みが一般的である。これに対し，労基法39条は，① 1 日単位での休暇の分割を認め，②全労働日の 8 割以上の出勤率を要件とし，③時季の決定を労働者に委ねる制度を採用した。

　こうした日本独自の修正は，多くの労働者が日々の食料確保のために，買出しを目的として休暇を取得していたという戦後の労働者の実態と，労働意欲が低下していった経済状況を反映したものといわれる。また，出勤率の要件は，諸外国ではほかに例をみないものであり，年休休暇の付与を功労報償と結びつける考え方に基づいたものといえる。

（2）年休の法的性質

　労働者は，労基法39条に基づいて，いかなる時期にどのような権利を取得するのか。

　この点については，労基法39条 5 項が，使用者は年休を労働者の請求する時季に与えなければならないと規定していることから，年休権は年休の請求権であり，使用者の承諾を要するとする見解が主張された（請求権説）。これに対し，労働者の意思表示のみで年休の権利が発生する形成権であると解する見解も主張された（形成権説）。

　この問題について最高裁は，年休は法定の要件が充足されることに

よって法律上当然に発生する権利であり，労働者が時季指定をしたとき
は，使用者が時季変更権を行使しないかぎり年休の効果が発生すると判
示している（白石営林署事件・最二小判昭48・3・2民集27巻2号191
頁，国鉄郡山工場事件・最二小判昭48・3・2労判171号10頁）。これ
は，年休をとる権利そのものと年休の時季を指定する権限とを区別して
とらえる二分説と呼ばれる考え方であり，学説・判例において通説的な
見解となっている。

　最高裁は，第1に，年休権は，労基法の要件を満たすことによって，
労働者の請求や使用者の承諾を必要とせずに当然に生じる権利であるこ
と，第2に，使用者の年休付与義務は，労働者の年休取得を妨げてはな
らないことを内容とする不作為義務であること，第3に，労基法39条5
項の「請求」は，時季指定を意味し，労働者が時季指定をしたときは，
使用者が時季変更権を行使しないかぎり，時季指定によって年休が成立
し，労働義務が消滅する，というものである。

（3）年休の付与義務

　年休は，原則として，労働者が請求する時季に与えることとされてい
る。しかし，同僚への気兼ねや請求することへのためらい等の理由か
ら，取得率が低調な現状にあり，年次有給休暇の取得促進が課題となっ
ている。

　そこで，2018年の労基法改正により，年5日の年休について使用者の
年休付与義務が課されることになった。すなわち，使用者は，年休日数
が10日以上の労働者に対し，年休のうち5日については，基準日から1
年以内の期間に，労働者ごとにその時季を定めることにより与えなけれ
ばならない（労基法39条7項）。使用者は，年休の時季指定に際して，
労働者の意見を聴取するとともに，その意見を尊重するように努めなけ

ればならない（労基則24条の6）。既に5日以上の年休を請求し，取得している労働者に対しては，使用者は時季指定により与える必要はない（労基法39条8項）。この年休付与義務の違反は，罰則の対象となる。

（4）年休の自由利用

年休の利用目的については，労働基準法の関知しないところであり，休暇をどのように利用するかは，使用者の干渉を許さない労働者の自由である（前掲・白石営林署事件）。

もっとも，年休を一斉に取得して使用者にプレッシャーを与える一斉休暇闘争を目的とする年休権の行使が許されるかが問題となる。最高裁は，所属事業場の業務阻害を目的とする年休取得は，使用者の時季変更権を無視するもので，年休制度を成り立たせている前提を欠くとして年休権行使とは認められないと判断している（津田沼電車区事件・最三小判平3・11・19労判599号6頁）。

（5）時季変更権

使用者は，労働者の請求した時季に年休を与えることが事業の正常な運営を妨げる場合には，時季変更権を行使できる（労基法39条5項）。

年休の時季変更権に関しては，最高裁は，使用者に対して，「できるだけ労働者が指定した時季に休暇を取れるよう状況に応じた配慮」を行うことを求めている（弘前電報電話局事件・最二小判昭62・7・10民集41巻5号1229頁）。使用者の配慮がなされたか否かは，従来の勤務割の変更の方法・頻度，時季指定に対する使用者の従前の対応の仕方，当該労働者の作業の内容・性質，代替要員の作業の繁閑，代替要員確保のための時間的余裕，週休取得者を代替要員とする可能性の有無等を総合して判断される（電電公社関東電気通信局事件・最三小判平元・7・4労

判543号 7 頁）。

　こうした使用者の配慮義務は，主に代替要員の確保との関係において議論されている。具体的には，通常の配慮をもってすれば代替要員の確保が可能な状況であるにもかかわらず，配慮をしないことにより代替要員が配置されないときは，事業の正常な運営を妨げる場合にあたるということはできない（前掲・弘前電報電話局事件，横手統制電話中継所事件・最三小判昭62・ 9 ・22労判503号 6 頁）。また，要員不足が常態化している場合は，労働者の時季指定により業務の一部が遂行できないおそれがあったとしても，事業の正常な運営を妨げる場合にあたらない（西日本JRバス事件・名古屋高金沢支判平10・ 3 ・16労判738号32頁）。もっとも，代替人員の確保が困難であったと認められる場合には，ほかの課まで代替要員の確保を求める配慮をなす必要はないと判断されている（東京市外電話局ほか事件・最二小判平 3 ・12・13労判602号 6 頁）。

　労働者が長期の休暇を時季指定した場合，時季変更権の行使につき使用者の裁量が広く認められている。最高裁は，労働者が事前の調整を経ないで 1 か月の長期休暇を請求した事案につき，事前の調整を経ることなく，長期かつ連続の時季指定をした場合には，これに対する時季変更権の行使には，使用者にある程度の裁量的判断の余地を認めざるをえないと判断し，結論として時季変更権の行使を適法としている（時事通信社事件・最三小判平 4 ・ 6 ・23民集46巻 4 号306頁）。

　技術研修などの特別の業務期間中に時季指定をした場合も問題となるが，最高裁は，「訓練中の年休取得の可否は，当該訓練の目的，内容，期間及び日程，年休を取得しようとする当該職員の知識及び技能の程度，取得しようとする年休の時期及び期間，年休取得により欠席することになる訓練の内容とこれを補う手段の有無等の諸般の事情を総合的に比較考量して，年休取得が当該訓練の所期の目的の達成を困難にするか

どうかの観点から判断すべき」としたうえで，事業の正常な運営を妨げる場合に該当するとして時季変更権の行使を適法としている（NTT（年休）事件・最二小判平12・3・31労判781号18頁）。

（6）年休取得を理由とする不利益取扱い

年休の行使に対する不利益取扱いについては，労基法39条ではなく，附則136条が，有給休暇を取得した労働者に対して，賃金の減額その他不利益な取扱いをしないようにしなければならないと規定している。タクシー運転手の年休取得に対する皆勤手当の不支給措置が争われた事案につき，最高裁は，附則136条それ自体は，努力義務を定めたものであって，私法上の効果を否定するまでの効力を有するものではなく，年休の趣旨を実質的に失わせるものと認められる場合には，公序に反して無効となるとしたうえで，結論として公序違反を否定している（沼津交通事件・最二小判平5・6・25労判636号11頁）。他方，賞与の算出において年次休暇の取得日を欠勤日として扱うことについては，労基法39条4項の趣旨から許されないと判断されている（エス・ウント・エー事件・最三小判平4・2・18労判609号12頁）。

（7）計画年休

使用者が事業場の過半数代表と労使協定を締結し，時季に関する定めをしたときは，日数のうち5日を越える部分については，計画年休に基づいて年休を付与することができる（労基法39条6項）。

計画年休制度に労働者が反対した場合の取扱いが問題となる。裁判例は，年休の計画的取得を定めた労使協定により，労使協定の適用がある職場の全ての労働者に及ぶと解したうえで，反対する労働者にも計画年休の効力が及ぶと判断している（三菱重工業長崎造船所事件・福岡高判

平6・3・24労民集45巻1・2号123頁）ただし，同事件判決は，少数組
合の組合員に過半数組合の締結した計画年休に従わせることが，著しく
不合理となるような特別の事情が認められる場合や，協定の内容が著し
く不公正であって，計画年休制度の趣旨を没却する場合には，例外的
に，計画年休の効果が及ばないと判断している。

（8）年休の消滅

　労働者が年休を消化することによって年休権は消滅する。労働者が消
化していない年休については，労基法115条が援用され2年の消滅時効
にかかるが，次年度に繰り越すことができる（昭22・12・15基発501号）。
年休の買い上げを予め合意することは許されないが，時効消滅した年休
権や就業規則等により付与された法定外の年休権の買い上げについては
認められるものと解されている。

4．育児介護休業

（1）育児介護休業法の経緯

　ワーク・ライフ・バランスを実現するための休業制度として，育児介
護休業制度の拡充があげられる。わが国では，1991（平成3）年に育児
休業法が立法化され，この法律には女性だけでなく，男性も等しく，子
どもが1歳になるまで育児休業を取得できることが定められた。家事や
育児がもっぱら女性の役割であるとする「性別役割分業」の意識や実態
が根強く残っていたわが国において，育児休業を認める立法は画期的で
あった。

　1995（平成7）年の育児休業法改正により，新たに介護休業制度が設
けられ，名称も育児介護休業法（育介法）に変更された。2004（平成
16）年に育児介護休業法改正では，期間雇用の労働者に対する適用拡

大，育児休業の延長，子の看護休暇などが盛り込まれた。

　2009（平成21）年には，育児のための短期休暇制度，父親の育児休業取得の促進措置などを定めた改正が行われ，さらに，2016（平成28）年には，育児休業の取得対象の拡大，介護離職の防止のための介護休業制度の充実，2017（平成29）年には，育児休業の延長を 2 歳まで延長することを可能とする改正が行われた。

（2）休業・休暇に関する措置

　育介法は，仕事と育児・介護の両立の困難さを改善することを目的としている。具体的には， 1 歳未満の子を養育する労働者に対しては，育児休業の取得（育介法 5 条 1 項）， 1 歳以上 1 歳 6 か月の子を養育する労働者に対しては，育児休業の延長（同 5 条 3 項），要介護の家族を介護する労働者に対しては，通算93日を限度として介護休業の取得（同11条）が認められている。

（a）育児休業

　満 1 歳未満の子を養育する労働者は，男女を問わず，育児休業を取得することができる（育介法 5 条 1 項）。育児休業は，原則として 1 歳になるまでであるが，例外的な措置として，保育所に入所できない場合など，雇用継続のために必要と認められる場合には 1 歳 6 か月まで（再延長で 2 歳まで）育児休業を取得することができる（同条 3 項， 4 項）。

　期間の定めがある有期雇用労働者については，さらに，① 1 年以上の継続雇用，②子が 1 歳に達する日以降も継続雇用が見込まれること（子が 1 歳に達する日から 1 年を経過する日までの間に雇用契約の期間が満了し，かつ，契約の更新がないことが明らかである場合を除く）が必要である。ただし，有期雇用労働者であっても，日々雇用の者は，再雇用特別措置等を除く後掲の措置を含めて，育介法に定める諸措置を利用す

ることができない（同2条1号）。

　父母がともに育児休業を取得する場合には，1歳2か月までの間に1年間育児休業を取得可能とされている（同9条の2。いわゆる「パパ・ママ育休プラス」）。また，育児休業を取得することができるのは，子1人につき1回であり，細切れ取得することはできないのが原則であるが（同5条2項），出産後8週間以内に父親が育児休業を取得した場合には，その父親は育児休業を再度取得することができる（いわゆる「パパ休暇」）。

　事業主は，育児休業の期間中，賃金を支払う義務はない。もっとも，育児休業期間中の所得保障について育介法は特に定めておらず，雇用保険法に基づいて所得保障が行われる。具体的には，雇用保険制度により，育児休業については休業前賃金の67％相当額が原則として支給される（雇保法61条の4以下）。休業中の社会保険料については，申し出により免除される。

　育介法が定める権利を行使したことを理由とする不利益取扱は禁止される（育介法10条，16条等）。育児休業からの復帰に伴う降格と賃金減額は，人事権の濫用にあたるとした裁判例がある（コナミ・デジタルエンタテインメント事件・東京高判平23・12・27労判1042号15頁）。

　事業主は，育児休業，介護休業等の取得に関する言動により就業環境が害されることのないよう，必要な体制の整備その他の雇用管理上必要な措置を講じなければならない（育介法25条）。もし労働者が妊娠，出産，育児または介護を理由として退職することを選択し，その際将来就業が可能になったときの再雇用を申し出ていた場合には，事業主は，必要に応じて，当該労働者を対象に，労働者の募集・採用にあたって特別の配慮をする措置（再雇用特別措置）を講じるよう努力しなければならない（同27条）。

　労働者が休暇・休業等を取得できるためには，賃金制度も含めて，適正な処遇を確保する必要がある。育児介護休業法は，短時間勤務制度を利用できると規定しているが，こうした制度の活用が進んだ場合には，賃金を大幅に減額するような処遇については，その適法性が問題になる。

　この点につき判例は，労働者の権利行使を抑制し，法の趣旨を失わせる程度の不利益取扱いと認められる場合には，公序（民法90条）に違反して違法・無効になると判断している（日本シェーリング事件・最一小判平元・12・14民集43巻12号1895頁）。労働者の育児休業の取得に対して，労働時間の短縮分以上の賃金減額が行われる実態も見受けられることから，権利行使に対する抑制にならないよう，適正な処遇を行うことが求められる。

（b）介護休業

　労働者は，要介護状態にある家族を介護するために介護休業を申し出ることができる（育介法11条1項）。要介護状態とは，①事実婚を含む配偶者，父母および子，同居かつ扶養している祖父母や兄弟姉妹，孫（対象家族，育介法2条4号）が，②負傷，疾病または身体上もしくは精神上の障害により，2週間以上の期間にわたり常時介護を必要とする状態をいう（要介護状態，同条3号）。有期雇用労働者については，育児休業と同様の要件をさらに満たす必要がある（同項但書）。

　取得可能な休業日数は，対象家族が要介護状態になるごとに1回，通算して93日である（同11条2項）。育児休業と異なり，細切れ取得が認められているのは，短期や複数の休業の必要性に対応する必要があるという介護休業の特徴を反映したことによる。介護休業期間中の所得保障も雇用保険法を通じて行われる。労働者が介護休業を申し出た場合，事業主はこれを拒否できない（同12条1項）。

（c）看護休暇・介護休暇

　小学校入学前の子を養育する労働者は，事業主に申し出ることにより1年度につき5日（小学校入学前の子が2人以上の場合には10日）を限度として，子の負傷・疾病の世話や予防を行うための看護休暇を取得することができる（育介法16条の2）。また，要介護状態にある対象家族の介護等を行う労働者も，同様の日数の当該世話を行うための介護休暇を取得することができる（同16条の5）。

（d）適用除外協定

　使用者は，これらの休業・休暇の申し出を拒否することができない（育介法6条1項，12条1項等）。ただし，事業主と事業場の過半数組合，これがない場合には過半数従業員代表との書面による協定により，継続雇用期間が1年未満の者，休業・休暇申し出日から，育児休業については1年以内，介護休業については93日以内，看護休暇・介護休暇については6か月以内に雇用関係が終了することが明らかな者等一定の者を対象から除外することができる。

（3）勤務時間の短縮等の措置

　育児休業を取得しないで働く3歳に達するまでの子を養育する労働者に対して，事業主は，当該労働者が就業しつつ子を養育することを容易にするための措置を講じなければならない（育介法23条1項）。具体的には，短時間勤務制度やフレックスタイム制度，時差出勤制度の導入等である。介護休業を取得しないで要介護状態にある対象家族を介護する労働者に対しても，事業主は，連続した（介護休業を取得していた場合は，これと合算して）93日以上の期間において，当該労働者が就業しつつ介護を行うことを容易にするための措置を同様に講じなければならない（同条2項）。

　 3 歳から小学校就学の始期に達するまでの子を養育する労働者や家族を介護する労働者に対しても，事業主は，育児・介護休業制度，勤務時間の短縮等に準じる措置，介護を必要とする期間・回数等に配慮する措置を講じる努力義務を負う（同24条 1 項）。

（ 4 ）　所定外労働・時間外労働・深夜業の制限

　育介法は，①事業主は， 3 歳に満たない子を養育する労働者が請求した場合，所定労働時間を超える労働をさせてはならないこと（所定外労働の制限，育介法16条の 8 第 1 項），②小学校就学前の子を養育する労働者，あるいは要介護認定状態にある対象家族を介護する労働者が請求した場合，三六協定により時間外労働が可能とされている場合であっても， 1 月について24時間， 1 年について150時間を超える時間外労働を命じてはならないこと（時間外労働の制限，同17条 1 項，18条 1 項），③小学校就学の始期に達するまでの子を養育する労働者や要介護状態にある対象家族を介護する労働者が，それぞれ育児や介護のために請求した場合，深夜労働（午後10時から午前 5 時）をさせてはならないこと（深夜業の制限，同19条 1 項，20条 1 項）を定める。ただし，勤続期間が 1 年未満の者， 1 週の所定労働日数が 2 日以下の者等は，これらの請求を行うことができない。

　これらの請求は，始期終期が明確な 1 か月から 1 年（深夜業の制限については 1 か月から 6 か月）の期間の範囲で開始予定日の 1 か月前までに行わなければならないという制約はあるが，請求回数に上限はない（同16条の 8 第 2 項，17条 2 項，19条 2 項等）。ただし，これらの請求を認めることが事業の正常な運営を妨げる場合は，年次有給休暇における時季変更権行使のように（平16・12・28職発1228001号），事業主はこの請求を拒否することができる。

（5）紛争解決等

　事業主は，育介法に関する措置の実施の促進を目指す職業家庭両立推進者を選任するよう努める義務を負う（育介法29条）。もし紛争が発生した場合には，事業主はこれを自主的に解決するよう努めなければならない（同52条の2）。

　当事者は，裁判上の救済を求めることができるほか，都道府県労働局長に紛争解決のための助言，指導，勧告等の援助を求めることができる（同52条の4）。また，厚生労働大臣も類似の援助を事業主に行うことができ（同56条），育介法に違反した事業主がこれに関する勧告を受けたにもかかわらず，これに従わないときはその旨を公表することができる（同56条の2）。

1　わが国では，年次有給休暇の取得率が低迷している。どのような方策をとれば，年次有給休暇の取得率が向上するだろうか。

2　男性の育児参加が進んでいないが，その要因は何か。どうすれば，男性の育児参加が進むだろうか。考えてみよう。

3　転勤などについて使用者に広範な人事権が認められていることは妥当といえるか。企業活動の利益と労働者の生活基盤をどのように調整すべきか。

参考文献

・筒井淳也『仕事と家族　日本はなぜ働きづらく，産みにくいのか』（中央公論新社，2015年）

・アン＝マリー・スローター（関美和訳）『仕事と家庭は両立できない？　「女性が輝く社会」のウソとホント』（NTT出版，2017年）

・日本労働法学会編『講座労働法の再生第4巻　人格・平等・家族責任』（日本評論社，2017年）

8 ｜ 雇用平等と労働者の人権

《**目標＆ポイント**》 働き方が多様化するなかで，雇用の分野において「平等」と「人権」が改めて問題となっている。なかでも労働者に対する差別を禁止することが大きな柱の一つであり，多様な働き方を推進する上でも重要な課題となる。ここでは，男女の雇用平等を中心に，労働者の雇用平等と人権について検討する。

《**キーワード**》 雇用平等，男女平等，障害者差別，プライバシー，ハラスメント

1. 男女の雇用平等

（1）女性の活躍の現状と課題

1）女性の活躍と男女の格差

　女性が働くことが，ふつうのことになった。2017（平成29）年の女性の労働力人口は2,937万人，男性は3,784万人であり，労働力人口総数に占める女性の割合は43.7％となっている。また，雇用者数にも女性の社会進出が傾向としてあらわれている。2017（平成29）年の女性雇用者数は2,590万人，男性雇用者数は3,229万人であり，雇用者総数に占める女性の割合は44.5％となった。

　女性の年齢階級別の労働力率をみると，これまではいわゆる「M字カーブ」が女性の雇用の状況を象徴していたといわれる。それは，出産や育児などのライフイベントにおいて，女性が一旦労働市場から退出し，育児に区切りがついた40歳代から再び働き始めるという傾向であ

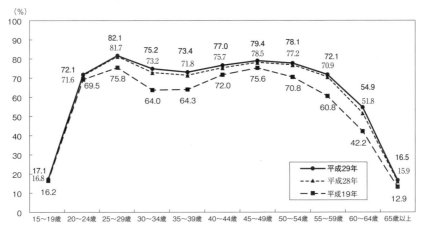

図 8 - 1　**女性の年齢階級別労働力率の推移（M字カーブ）**
資料出所：総務省「労働力調査」（平成19，28，29年）

る。しかし，年代別にその推移をみると，「M字カーブ」の底が上昇し，台形に近づいていることがわかる（図 8 - 1 ）。

　もっとも，日本の政治・経済の分野での女性の活躍も，諸外国の動向と比較すると十分なものとはいえない。国際的にみても，わが国は女性の管理職が少ないのが顕著な傾向となっている（図 8 - 2 ）。この表からは，女性の就業者数は増えているが，管理職となる者が欧米諸国やアジア諸国と比べると相対的に低い水準にとどまっていることがわかる。

　また，世界経済フォーラムが発表するジェンダー・ギャップ指数をみると，2017（平成29）年のランキングでは日本は114位であり，男女格差が非常に大きい国の 1 つに位置づけられている。女性の社会進出や賃金の平等性など，男女で差が大きいことがわが国の特徴である。

2 ）男女雇用機会均等法

　女性の活躍を法的に後押ししている法律が，性による差別を禁止する男女雇用機会均等法（均等法）である。1985（昭和60）年に制定された

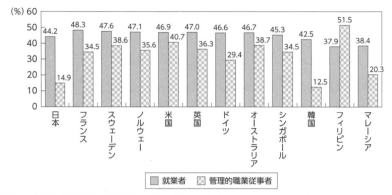

(備考) 1. 総務省「労働力調査（基本集計）」（平成30年），その他の国はILO "ILOSTAT"より作成。
2. 日本，フランス，スウェーデン，ノルウェー，米国，英国及びドイツは平成30（2018）年，オーストラリア，シンガポール，韓国及びフィリピンは平成29（2017）年の値，マレーシアは平成28（2016）年の値。
3. 総務省「労働力調査」では，「管理的職業従事者」とは，就業者のうち，会社役員，企業の課長相当職以上，管理的公務員等。また，「管理的職業従事者」の定義は国によって異なる。

図8-2　就業者及び管理的職業従事者に占める女性の割合（国際比較）
資料出所：内閣府男女共同参画局『男女共同参画白書令和元年版』

均等法は，女性差別のみを規制対象とする，いわば片面的な性格のものであった。かつては，定年・退職・解雇についてのみ差別を禁止し，その他は差別をしない努力義務を課したにすぎなかった。

1997（平成9）年の均等法改正により，努力義務規定が禁止規定へと変更され，セクシュアル・ハラスメントに対する事業主の配慮義務，ポジティブ・アクションなども規定され，現在では，女性だけではなく性別を理由とする差別を禁止する両面的規制へと変容し，現在に至っている。

3）女性活躍推進法

職場における女性の活躍を推進するため，2015（平成27）年に女性活躍推進法が立法化された。

女性活躍推進法に基づき，国・地方公共団体の規模301人以上の大企

業は，①自社の女性の活躍に関する状況把握・課題分析，②その課題を解決するのにふさわしい数値目標と取組を盛り込んだ行動計画の策定・届出・周知・公表，③自社の女性の活躍に関する情報の公表を行わなければならない。300人以下の中小企業は努力義務とされている。

　また，行動計画の届出を行い，女性の活躍推進に関する取組の実施状況が優良な企業については，申請により，厚生労働大臣の認定を受けることができる。認定を受けた企業は，厚生労働大臣が定める認定マークを商品などに付することができる（えるぼし認定）。

　そして，2019（令和元）年 5 月29日には，女性活躍推進法等の一部を改正する法律が成立し，同年 6 月 5 日に公布された。この改正により，①一般事業主行動計画の策定義務の対象が101人以上の事業主に拡大（2022（令和 4 ）年 4 月 1 日施行），②職業生活に関する機会の提供に関する実績や職業生活と家庭生活との両立に関する情報公表の強化，③えるぼし認定よりも水準の高い特例認定制度（プラチナえるぼし）の創設（2020（令和 2 ）年 6 月 1 日施行）などの内容が盛り込まれることとなった。

（2）男女の賃金差別の禁止

　労基法は，男女の賃金差別について規定している。使用者は，労働者が女性であることを理由として，賃金について，男性と差別的取扱いをしてはならない（労基法 4 条）。賃金は労働者にとって非常に重要な労働条件であるため，労基法によって直接規制している。労基法 4 条は賃金差別のみを禁止しており，採用，配置，昇進，教育訓練などの賃金以外の事項については，本条の対象とならない。賃金以外の事項については均等法がその対象としている。

　具体例について考えてみると，たとえば，世帯主などの性別に関わら

ない基準が定められ，それが中立的に運用されている限り，女性である
ことを理由とした差別にはあたらず，労基法4条違反は成立しない。た
だし，形式的には中立的な基準であっても，差別的な意図のもと男女で
異なる扱いがされている場合など，女性であることを理由とした賃金差
別にあたるといえる場合には，労基法4条違反となる（兼松事件・東京
高判平20・1・31労判959号85頁）。

労基法4条違反の例としては，男女で別の賃金表を適用し，男女の職
務に相違がないにもかかわらず男女で異なる扱いにした例（秋田相互銀
行事件・秋田地判昭50・4・10判時778号27頁），性中立的な支給基準で
あっても女性差別的結果をもたらす場合（三陽物産事件・東京地判平
6・6・16労判651号15頁）等がある。労基法4条違反は処罰の対象と
なり（労基法119条1号），差別的な賃金規定は無効となる。また，労基
法4条違反の事実行為については，不法行為として損害賠償請求ができ
る。

（3）性別による差別の禁止

均等法は雇用の様々な場面において性別による差別を禁止している。
事業主は，労働者の募集及び採用について，その性別にかかわりなく
均等な機会を与えなければならない（均等法5条）。厚生労働省の指針
は，募集及び採用にあたり，女性であることを理由に募集の対象から排
除すること，男女で採用条件を異なるものとすること，男女別の採用予
定人員を設定することなどを禁止事項として例示する（平18・10・11厚
労告614号）。

また，労働者の配置，昇進，降格，教育訓練，福利厚生措置，労働者
の職種，雇用形態の変更，退職勧奨，定年，解雇，契約更新について，
性別を理由として差別的取扱いをしてはならない（均等法6条）。

　このように，採用から解雇退職に至るまで，性別による差別は広く禁止されている。なお，女性であることを理由に，有利に扱うことも男性に対する差別にあたるので，原則として許されないことになる。

　ここで間接差別という概念についても理解しておこう。間接差別とは，形式上は性中立的な基準でも，その基準が実質的に一方の性の構成員に相当程度の不利益を与えるものをいう。現在のところ，①労働者の募集・採用にあたり労働者の身長，体重，体力を要件とすること，②労働者の募集，採用，昇進，職種の変更にあたり転居をともなう転勤を要件とすること，③労働者の昇進にあたり転勤経験を要件とすることが禁止されている（均等法 7 条）。

　したがって，職務に関係がないのに身長や体重などを採用要件にあげることや，全国転勤を総合職の採用や昇進要件にあげることは許されない。もっとも，総合職の採用にあたり合理的な理由があれば，転勤要件を選考基準とすることも間接差別にあたらない。これは広域展開する企業において転勤の実態があり，人材育成上の必要性があれば，採用選考基準に転勤要件を課すことが可能となるものであり，女性の総合職の推進にあたり抑制する一因となっているとも考えられる。

（4）ポジティブ・アクション

　ポジティブ・アクションとは，一般的に，社会的・構造的な差別によって不利益を被っている者に対して，一定の範囲で優遇措置を提供することなどにより，実質的な機会均等を実現することを目的とする措置のことである。女性管理職の割合は，2017（平成29）年度の段階で11.5%と伸び悩んでおり，上位の役職ほど女性の割合が低くなっているのが現状である。こうした現状において，労働者の間に事実上生じている差を解消するために必要かつ有用とされるのが，ポジティブ・アクションで

ある。

均等法は，事業主による任意のポジティブ・アクションを認めている（均等法8条）。ただし，一定の区分・職務・役職において女性労働者が男性労働者と比較して相当程度少ない等の場合（女性の割合が4割を下回る等）に限られる。

（5） 結婚，妊娠，出産などを理由とする差別禁止

結婚，妊娠，出産などを理由とする差別は禁止される。具体的には，婚姻，妊娠，出産したことを退職理由として予定すること（均等法9条1項），女性労働者が婚姻したことを理由として解雇すること（同2項），妊娠，出産，産休取得等を理由とする解雇その他不利益な取扱いは許されない（同3項）。また，妊娠中・出産後1年を経過しない女性労働者に対する解雇は，事業主が妊娠・出産等の理由による解雇でないことを証明しない限り無効となる（同4項）。

最近では，働く女性の妊娠・出産・育児等を理由として，解雇その他の不利益取扱いを受け，就業環境を害されることが問題となっており，こうした差別的取扱いはマタニティ・ハラスメント（マタハラ）と呼ばれるようになっている。

均等法9条3項は強行法規であると解されており，軽易業務転換を契機とする降格は，労働者の真の同意がある場合や業務上の必要性から支障が生じる場合をのぞき，原則として均等法違反となる（広島中央保健生活協同組合事件・最一小判平26・10・23労判1100号5頁）。事業主は，妊娠，出産，産休等に関する言動により，当該女性の就業環境が乱されることがないよう必要な措置を講じなければならない（均等法11条の2第1項，マタハラに関する指針として平28・8・2厚労告312号）。

2．障害者雇用

　2013年に障害者雇用促進法が改正され，雇用の分野における障害者に対する差別の禁止，また障害者が職場で働くにあたって必要な合理的配慮等の措置が定められた。

（1）障害者差別の禁止

　障害者雇用促進法は，労働者の募集・採用について，障害者に対して，障害者でない者と均等な機会を与えること（障害者雇用促進法34条），賃金の決定，教育訓練の実施，福利厚生施設の利用その他の待遇について労働者が障害者であることを理由として，障害者でない者と不当な差別的取り扱いをしてはならないとしている（同35条）。

（2）合理的配慮

　障害者雇用促進法は，「障害の特性に配慮した必要な措置」を求めている。こうした措置を合理的配慮という。

　事業主は，労働者の募集及び採用について，均等な機会の確保の支障となっている事情を改善するため，障害の特性に配慮した必要な措置を講じなければならない（障害者雇用促進法36条の2）。また，事業主は，均等な待遇の確保又は障害者の能力の有効な発揮の支障となっている事情を改善するため，障害の特性に配慮した職務の円滑な遂行に必要な施設の整備，援助を行う者の配置その他の必要な措置を講じなければならないとしている（同36条の3）。

　合理的配慮の具体例としては，募集・採用にあたって，採用試験の問題を点訳，音訳すること，車椅子の利用者に合わせて机などの高さを調整するといったことがあげられる。ただし，合理的配慮が「過度の負

担」となる場合には，事業主は提供義務を負わない。

（3）障害者雇用率制度

　障害者がごく普通に地域で暮らし地域の一員として共に生活できるために，障害者雇用促進法は，民間企業，国，地方公共団体などの事業主に対し，その常用する労働者のうち一定割合以上の数の障害者を雇用する義務を課している。これを障害者雇用率制度という。2018（平成30）年4月以降における法定雇用率は，一般企業で2.3%（ただし政令施行日から3年以内は2.2%）となっている。

3．労働者の人権の保障

　労基法は，労働者の人権を保障するための規定を設けるとともに，不当な人身拘束を防ぐ観点から，労働契約に関する規制を行っている。

（1）労働条件差別の禁止

　使用者は，労働者の国籍，信条，社会的身分を理由として，労働条件について差別的取扱いをすることをしてはならない（労基法3条）。ここでいう「信条」には，社会的，政治的な信念の他に思想的なものも含まれる。「社会的身分」については，出身地，門地，人種，非摘出子などの生来的な地位のことで，非正規社員であるといったものは含まれない。最高裁の判断では，採用段階での差別にはこの条文は適用されないと解釈している。

（2）強制労働の禁止

　労基法は，暴行，脅迫，監禁その他精神又は身体の自由を不当に拘束する手段によって，労働者の意思に反して労働を強制することを禁止し

ている（労基法 5 条）。この規定は，非人道的な強制労働が広く行われていたことを反省し，封建的な悪習を排除しようとした規定であり，違反した使用者には，労基法で一番厳しい刑罰が科される（同117条）。

（3）中間搾取の排除

何人も，法律に基づいて許される場合のほか，業として他人の就業に介入して利益を得てはならない（労基法 6 条）。かつて仲介者が中間搾取（ピンハネ）などを行ったため，そうした悪習を排除するために規定されたものである。

本条は，「業として」なされたものを禁止しており，同種の行為を反復継続する場合，反復する意図がある場合の関与行為があたる。職安法は，有料職業紹介，労働者委託募集，労働者職業紹介事業の規制を行っているが，同法により許されている行為については適法となる。しかし，職安法に違反してこれら行為を行って利益を得ることは労基法 6 条違反にあたる。

（4）公民権行使の保障

使用者は，労働者が労働時間中に，選挙権その他公民としての権利を行使し，又は公の職務を執行するために，必要な時間を請求した場合においては拒んではならない（労基法 7 条）。ただし，権利の行使又は職務の執行に妨げがない限り，請求された時刻を変更することができる。

公民権とは，公職選挙法上の選挙権及び被選挙権，最高裁判所裁判官の国民審査，地方自治法による住民の直接請求権などをいう。他人の選挙運動に対する応援，一般に訴権（訴えを提起する権利）の行使はこれに含まれない。使用者は必要な時間を与える義務はあるが，その時間を有給にするか無給にするかは契約で決めることができる。使用者の承認

を得ずに公職に就任した者を懲戒解雇とする就業規則は，労基法7条の趣旨に反して無効となる（十和田観光電鉄事件・最二小判昭38・6・21民集17巻5号754頁）。

（5） 賠償予定の禁止

労基法は，労働契約の不履行について違約金を定めることや，損害賠償額を予定する契約をすることを禁止している（労基法16条）。これは，かつて契約期間の途中で退職する労働者に対して違約金や損害賠償を課す旨を定めることにより，労働者を身分的に拘束するという弊害がみられたことから，こうした事態を防ぐために規定されたものである。

近年では，使用者が海外研修派遣・海外留学に関する費用を支出する場合，労働者が研修・留学終了後に短期間で退職したときに，その労働者に対して返還義務を定めた就業規則の規定や個別の合意などが，労基法16条に違反しないかが問題となっている。裁判例は，留学等の業務性，返還免除の基準の合理性（免除される勤続年数が合理的か等），返還額の相当性（労働者の賃金と比較して合理的か，勤続年数に応じて減額されているか等）を考慮して個別に判断している（野村證券事件・東京地判平14・4・16労判827号40頁）。

（6） 前借金相殺の禁止

使用者は，前借金その他労働することを条件とする前貸しの債権と賃金とを相殺してはならない（労基法17条）。その趣旨は金銭貸借関係と労働関係とを完全に分離し，金銭貸借関係に基づく身分的拘束を防止することにある。

（7）強制貯金の禁止

　使用者は，労働契約に付随して貯蓄の契約をさせ，又は貯蓄額を管理する契約をしてはならない（労基法18条1項）。労働者の委託を受けて貯蓄金を管理する場合にも，過半数組合又は過半数代表者との労使協定の締結及び届出，貯蓄金管理規程の周知，命令で定める以上の率の利息の付与等の規制が科されている（同条2項以下）。強制貯金は，労働者の足止め策として利用されたり，使用者の経営状況の悪化等により，貯金の払戻しが受けられなくなるおそれがあるため，強制貯金を禁止している。

4．人格的利益・プライバシーの保護

（1）セクシュアル・ハラスメント

　セクシュアル・ハラスメントとは，相手方の意に反する性的言動のことをいう。セクシュアル・ハラスメントは，①性的要求を拒否したことなどを理由として当該労働者が解雇，降格，減給等の不利益を受ける「対価型セクハラ」と，②性的な言動により労働者の就業環境を悪化させる「環境型セクハラ」の2つに分類される。

　対価型セクハラとは，たとえば，事務所内において上司が労働者に対して性的な関係を要求したが，拒否されたため，その労働者を解雇するといった場合である。

　環境型セクハラとは，事務所内において上司が労働者の腰，胸等に度々触ったため，その労働者が苦痛に感じてその就業意欲が低下してしまう，同僚が取引先において労働者に係る性的な内容の情報を意図的かつ継続的に流布したため，その労働者が苦痛に感じて仕事が手につかないといった場合である。

　セクシュアル・ハラスメントは，被害者の人格的利益や働きやすい職

場環境のなかで働く利益を侵害する行為，もしくは，性的自由ないし性的自己決定権等の人格権を侵害する行為として，こうした行為が行われれば不法行為となる（福岡セクシュアル・ハラスメント事件・福岡地判平4・4・16労判607号6頁）。

　もっとも，セクシュアル・ハラスメントがすべて違法となるわけではなく，不法行為となるのは，社会通念上許容される限度を超える態様で行われた場合に限られる。具体的には，行為の具体的態様，反復継続性，相手に与えた不利益・不快の程度，行為の目的・時間・場所，加害者・被害者の職務上の地位・関係等を総合的にみて判断される。セクシュアル・ハラスメントは，男性が女性に対して行う場合だけではなく，女性が男性に対して行う場合も問題となりうる。

　セクシュアル・ハラスメントの行為が「事業の執行につき」なされたときには，使用者もその法的責任を負う（民法715条）。この業務関連性の有無については，行為の場所・時間，加害者の言動等の職務関連性，加害者と被害者の関係などを考慮して判断される。

　均等法は，事業主に対し，対価型及び環境型セクシュアル・ハラスメントが行われることがないよう，雇用管理上必要な措置を講じることを義務づけている（均等法11条）。具体的には，事業主の方針の明確化及びその周知・啓発を図ること，相談に応じ適切に対応するために必要な体制の整備を図ること，職場におけるセクシュアル・ハラスメントに係る事後の迅速かつ適切な対応をとることなどがこれにあたる。

　女性従業員にセクハラ発言を繰り返した男性社員の懲戒処分をめぐり，最高裁は，「会社内でセクハラ禁止は周知されており，処分は重すぎない」として，処分を無効とした原審を取り消し，出勤停止などの処分を有効であるとしている（海遊館事件・最一小判平27・2・26労判1109号5頁）。

（2）パワー・ハラスメント

　職場でのいじめやパワー・ハラスメントが問題となっている。

　2019（令和元）年5月に改正された労働施策総合推進法は，職場におけるパワー・ハラスメントについて，「職場において行われる優越的な関係を背景とした言動であって，業務上必要かつ相当な範囲を超えたものによりその雇用する労働者の就業環境が害されること」と定義している（労働施策総合推進法30条の2第1項）。

　すなわち，職場におけるパワー・ハラスメントとは，①優越的な関係を背景としており，②業務上必要かつ相当な範囲を超えた言動により，③就業環境を害することであり，この3つの要素すべてを満たすものである。

　ここでいう職場内の優位性とは，上司から部下に対しての行為だけでなく，先輩・後輩間や同僚間，さらには部下から上司など，様々な職務上の地位や人間関係の優位性を背景に行われるケースが含まれる。もっとも，個人の受けとめ方によっては不満に感じる指示や注意・指導があっても，「業務の適正な範囲」内であればパワー・ハラスメントには該当しない。

　パワー・ハラスメントの行為態様については，①暴行，傷害（身体的な攻撃），②脅迫，名誉毀損，侮辱，ひどい暴言（精神的な攻撃），③隔離，仲間外し，無視（人間関係からの切り離し），④業務上明らかに不要なことや遂行不可能なことの強制，仕事の妨害（過大な要求），⑤業務上の合理性なく，程度の低い仕事を命じることや仕事を与えないこと（過小な要求），⑥私的なことに過度に立ち入ること（個の侵害）に類型化されている。

　これまでの裁判例では，仕事をさせないこと，退職に追い込むための配転，業務上必要のない作業をさせるなどの報復的な業務命令について

は，不当な動機・目的による権利の濫用，または，被害者の人格権を不当に侵害した不法行為として，違法・無効であると判断している。

さらに，「やる気がないなら会社を辞めるべき」という内容のメールを労働者の本人及び職場の十数人に送信した上司の行為が，労働者の名誉感情を毀損するものであるとして上司に慰謝料が命じられた裁判例もある（A保険会社上司（損害賠償）事件・東京高判平17・4・20労判914号82頁）。

労働施策総合推進法では，職場におけるパワー・ハラスメント防止のために，雇用管理上必要な措置を講じることを義務づけている（労働施策総合推進法30条の2）。具体的には，事業主によるパワハラ防止の社内指針の明確化と周知・啓発，相談体制の整備等が求められる。パワー・ハラスメントに関する紛争が生じた場合，都道府県労働局長による助言，指導，勧告，紛争調整委員会による調停を利用できる。

（3） 労働者のプライバシー

プライバシーとは，他人の私生活や個人的な情報について他人から干渉を受けない権利である。雇用関係においても，労働者のプライバシーが適切に保護される必要がある。

労働者のプライバシーに干渉することは許されない。たとえば，従業員に対し，思想調査のために監視や尾行をしたり，私物を無断で写真撮影する行為は，人格的利益の侵害にあたる（関西電力事件・最三小判平7・9・5労判680号28頁）。また，従業員の電子メールの閲覧・監視については，私的利用の程度，監視の目的・手段・態様などを総合考慮し，社会通念上相当な程度を逸脱した場合には，プライバシー侵害にあたる（F社Z事業部（電子メール）事件・東京地判平13・12・3労判826号76頁）。

　労働者の個人情報を取得・開示することも許されない。個人の健康に
関する情報はプライバシーに属する事項であり，みだりに第三者に漏洩
した場合にはプライバシーの権利の侵害にあたる。裁判例では，Ｂ型肝
炎の検査について，調査の必要性がある場合でも，本人に告知して同意
を得た場合でなければ情報を取得することはできないとして，損害賠償
責任が肯定されている（Ｂ金融公庫事件・東京地判平15・6・20労判854
号5頁）。

1 女性の活躍推進にあたり，日本の雇用慣行にどのような課題があるだろうか。考えてみよう。
2 障害者とともに働くことが当たり前の社会を実現するためには何が必要だろうか。障害者雇用の現状について調べてみよう。
3 ハラスメントを防止するためには，どのような対策が求められるだろうか。事業主に求められる雇用管理上の措置について調べてみよう。

参考文献

・和田肇『人権保障と労働法』（日本評論社，2008年）
・森戸英幸・水町勇一郎編著『差別禁止法の新展開』（日本評論社，2008年）
・道幸哲也『パワハラにならない叱り方―人間関係のワークルール』（旬報社，2010年）

9 | 労働者の安全・健康と労働災害

《**目標＆ポイント**》 仕事には労働者の生命や健康を害する危険が内在している。とりわけ，わが国では，働きすぎによる過労死・過労自殺も大きな社会問題となっている。ここでは，労働安全衛生と労災保険を中心に，労働者の安全・健康と労働災害の救済について検討する。
《**キーワード**》 労働安全衛生，労働災害，労災民訴

1. 労働者の安全と健康

（1）過労死等という社会問題

　わが国において広く認知されている社会問題のひとつが，働きすぎが原因で命を落とし，体調不調に至る労働者がいるということである。いわゆる過労死，過労自殺といった問題である。

　過労死とは，仕事による過労・ストレスが原因の一つとなって，脳・心臓疾患，呼吸器疾患，精神疾患等を発病し，死亡または重度の障害を残すに至ることである。過労自殺とは，過労により大きなストレスを受け，疲労がたまり，場合によっては「うつ病」を発症して自ら死を選んでしまうことをいう。

　2014（平成26）年に成立した過労死等防止対策推進法は，過労死等とは，①業務における過重な負荷による脳血管疾患もしくは心臓疾患を原因とする死亡，②業務における強い心理的負荷による精神障害を原因とする自殺による死亡，または，③死亡には至らないがこれらの脳血管疾

患・心臓疾患，精神障害をいうと定義している（過労死等防止対策推進法2条）。

　過労死は，海外でも「KAROSHI」として広く知られるようになっている。わが国の働き方において，過労死等を防止することが，解決すべき重要な法的問題の1つといえよう。

（2）過労死等の現状

　わが国において過労死等はどの程度生じているのだろうか。2019（令和元）年度の過労死等に関する労災申請の状況をみると，脳・心臓疾患に係る労災請求件数は936件，認定件数は216件となっており（図9‐1），業務における強い心理的負荷による精神障害に係る労災請求件数は2060件，認定件数は509件となっている（図9‐2）。

　過労死等防止対策推進法が成立したものの，過重労働や長時間労働によって心身に不調をきたす人も多く，こうした現状が労働時間の上限規制など働き方改革を推進する背景事情となっている。

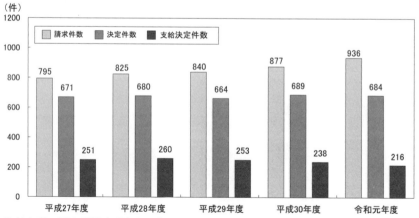

資料出所　厚生労働省「令和元年度過労死等の労災補償状況」

図9‐1　脳・心臓疾患の請求，決定及び支給決定件数の推移

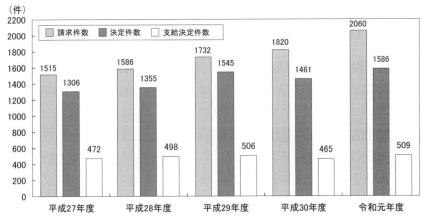

資料出所　厚生労働省「令和元年度過労死等の労災補償状況」
図9-2　精神障害の請求，決定及び支給決定件数の推移

（3）過労死等の防止対策をめぐる課題

　わが国の大きな課題は，働きすぎによる精神疾患と，それに起因する過労死等の発生を防止することである。

　まずは働き方を見直していくことが必要であろう。働き方改革関連法の成立により，労働時間の上限規制が課されたように，長時間労働を前提とした働き方を社会全体で見直していく必要がある。

　過労死等を防止するためには，企業が具体的な取り組みを実践していくことが重要である。厚生労働省は，「過重労働による健康障害防止のための総合対策」を公表しており，これに基づいた具体的な対策が各企業において行われることが重要である。そこでは，時間外・休日労働の削減，年次有給休暇の取得促進，労働時間等の設定の改善，労働者の健康管理に係る措置の徹底などがその対策の一例として挙げられている。

　働きすぎで過労死・過労自殺が起こってしまうというわが国の現状は，世界でも広く知られている。労働者も使用者も立場に関わらず，働

きすぎは命を失う，という認識を共有していくことが必要である。

　以下では，労働者のけがや病気の発生を事前に防止する労働安全衛生の分野と，予防措置を尽くしても発生してしまった労働災害に対して，事後的に救済を講じる労災補償と労災民訴についてみていくことにしよう。

2．安全衛生の確保

　労働安全衛生法（安衛法）は，労働者の安全と健康を確保するとともに快適な職場環境の形成を促すことを目的として，事業者その他の関係者に対し，次のような措置をとることを求めている。

（1）安全衛生管理体制の整備

　安衛法は，事業場の規模に応じて，安全衛生の責任者として総括安全衛生管理者をおき，その下に，安全管理者衛生管理者などの選任を義務付けている（安衛法10条〜14条）。また，一定規模の事業所では安全委員会，衛生委員会または安全衛生委員会の設置義務があり，これに労働者代表が参加する（同17〜19条）。また，2018（平成30）年の安衛法改正により，事業者が労働者の健康管理等に関する産業医の勧告を尊重し，上記の委員会に報告することが義務づけられた（同13条5項，6項）。

（2）労働者の危険健康障害の防止措置

　事業者は，労働者の安全な労働環境を確保し，労働災害の発生を未然に防ぐための措置を講じることが求められている。具体的には，事業者は，①機械，危険物，電気などのエネルギーから生ずる「危険の防止措置」，②原材料，ガス，放射線などによる「健康障害の防止措置」，③労

働災害発生の急迫した危険があるときは，直ちに作業を中止させ，労働者を退避させるなどの「危険が急迫した際の措置」に大別される。また，労働者はこれらの事業者が行う措置について，「必要な事項を守らなければならない」とされている。

（3）安全衛生教育と健康診断

　使用者は，職場における安全衛生水準を向上させるために，必要な教育や講習を行わなければならない。また，安全衛生教育として，採用時と作業内容の変更時に安全衛生教育を行わなければならない（安衛法59条）。

　労働者の健康を管理するために，健康診断の実施も義務づけられる。なお，医師を選択する自由を認める観点から，使用者の指定する医師とは別の医師による健康診断を受けることもできる。

（4）ストレスチェック制度

　2015（平成27）年からは，常時50人以上の労働者を使用する事業場にストレスチェック制度と，それに基づく面接指導の実施が義務付けられている。ストレスチェックの結果，医師の面接指導が必要とされた場合には，医師による面接指導を実施し，就業上の措置が必要と判断されれば，労働時間短縮などの対策を実施することが求められる。ストレスチェックの結果は，労働者に直接通知され，本人の同意なく事業主が結果を知ることはできない。

　また，精神疾患の予防として，メンタルヘルスケア対策を推進していくことも一つの課題である。予防策として重視されるのは，労働者自身によるセルフケア，上司や職場管理者などによるケア，事業場内産業保健スタッフによるケア，そして事業場外の医療等を利用するケアであ

る。これら4つのケアが適切に実施されるよう継続的に体制を整備し，こうした取り組みを推進していくことが求められている。

（5）過重労働と医師の面接指導

2018（平成30）年の働き方改革関連法による安衛法改正では，医師による面接指導に関し，すべての労働者を対象として，事業者に客観的な方法等により労働時間を適正に把握する義務を課した（安衛法66条の8の3，安衛則52条の7の3）。

そして，脳・心臓疾患の発症が長時間労働との関連性が強いとされていることから，事業者には，医師による該当者への面接指導を行うことが義務付けられている（安衛法66条の8，安衛則52条の2以下）。これは，時間外・休日労働が月80時間を超え，疲労の蓄積が認められる労働者について，労働者が申し出た場合に，医師による面接指導を使用者に義務付けるものである。研究開発業務については，月100時間越えの者については，労働者の申し出がなくとも，医師による面接指導を実施しなければならない（安衛法66条の8の2，安衛則第52条の7の2）。

事業者は，面接指導を行った医師の意見を勘案し，必要があるときには就業場所の変更や内容の変更，有給休暇の付与など，適切な就業上の措置を講じなければならない。

3．労災保険制度

（1）労災保険の意義

職場における労働者の傷病や死亡については，民法上の不法行為によって損害賠償を求めることができる。もっともその場合，労働者が自ら訴訟を提起する必要があり，また労働者側が使用者の故意，過失などを立証する必要がある。さらには使用者に資力がない場合には，救済を

求めても損害賠償を受けることができないという事態も生じうる。

そこで，労基法は，第8章において，使用者の損害賠償責任を無過失責任とする労災補償制度を設けた。これにより，過失などの立証を求めない無過失責任主義が採用され，労働者側の立証は容易になったが，それでも使用者に資力がない場合には救済を求めることは困難である。そこで，使用者をあらかじめ国が運営する保険に加入させ，保険給付による安定的な救済を実現したのが労災保険制度である。

労災保険制度は，他人を使用して危険な職業を営む者は，その危険が現実化して自ら使用する者が損害を被った場合には，その経済的損失を補償すべきであるという考え方に基づいて制度設計されている（「職業危険の法理」）。

（2）労災保険の保険関係

労災保険の保険者は政府である（労災保2条）。原則として，労働者を使用するすべての事業主に適用される。ただし，国の直営事業や官公署の事業には適用されず，労働者を5人未満しか雇っていない農林水産事業など暫定任意適用事業には適用されない。保険料を負担するのは事業主であり，労働者は保険料を負担しない。

給付対象となるのは労働者であるが，労働者の概念は，労基法上の労働者と一致するものと解釈されている（横浜南労基署長（旭紙業）事件・最小一平8・11・28判時1589号136頁）。しかし，労働災害の危険にさらされる仕事は，労働者とされるもの以外の場合も想定される。

そこで，適用対象を拡大するために，特別加入制度が設けられている（同33条）。特別加入者として認められるのは，中小事業主，自動車運送業や土木作業などの個人業者や1人親方，家内労働者，海外派遣者などである。

（3）労災保険給付の手続

　労働災害によって負傷した場合，労災保険の給付は，労働者またはその遺族の請求によって行われる。労働基準監督署に備え付けてある請求書を提出することにより，労働基準監督署において必要な調査が行われ，保険給付の支給または不支給を決定する。

　労働者または遺族は，支給決定がなされることにより保険給付の具体的な請求権を得る。支給決定に不服の場合には，労災保険審査会に再審査を請求できる（労災保38条）。請求が，労災審査会の審査請求によっても認められないときには，労働者または遺族は，労基署長の不支給決定を取消す訴訟を裁判所に提起することができる。

（4）労災保険給付の内容

　労働災害に関する保険給付としては，以下のようなものがある。

　まず，医療保障にあたる療養補償給付である。業務上発生した傷病に医療が必要な場合には，療養補償給付が支給される。療養補償給付は，現物支給を原則としている。療養した医療機関が労災保険指定医療機関の場合には，手続きを行うことで，療養費を支払う必要はない。療養した医療機関が労災保険指定医療機関でない場合には，療養費の立て替えを行うことになる。

　次に，所得保障にあたる休業補償給付がある。労働災害により休業した場合には，4日目から休業補償給付が支給される。1日につき給与基礎日額の100分の60が支給され，休業補償給付に加えて，社会復帰促進等事業の制度として，休業特別支給金が1日につき給与基礎日額の100分の20を支給している。したがって，これらをあわせて平均賃金の100分の80に相当する金額が支払われる。

　その他の保険給付として，障害補償給付，遺族補償給付，葬祭料，傷

病補償年金および介護補償給付などの保険給付がある。これらの保険給付についてもそれぞれ，労働基準監督署長に請求書などを提出することで支給の可否が決定される。

　労災保険給付の内容は，私傷病に対して支給される健康保険法等の給付よりも，手厚い保障内容になっている。

（5）業務災害の認定

　労災保険制度における保険給付の対象となるためには，「業務災害」と認められる必要がある。「業務災害」とは，「労働者の業務上の負傷，疾病，障害又は死亡」である（労災保 7 条 1 項 1 号）。労災保険が適用される「業務災害」となるためには，業務と災害との間に相当因果関係があることが必要となる。この因果関係を判断する要件として「業務遂行性」と「業務起因性」がある。

　「業務遂行性」とは，労働者が事業主の支配下または管理下にある状態で起きた災害であることを求めるものであり，業務起因性を認めるための前提条件とされている。最高裁には，歓迎会に参加後の交通事故についても，なお会社の支配下にあったというべきであると判断した事案がある（国・行橋労働基準監督署長（テイクロ九州）事件・最二小判平28・7・8労判1145号 6 頁）。

　「業務起因性」とは，業務が原因となったということであり，業務と傷病等の間に一定の因果関係があることをいう。

　まず，事業主の支配・管理下にあって業務に従事している場合には，「業務遂行性」と「業務起因性」も認められるので，特段の事情がない限り，業務上と認められる。ただし，喧嘩などの場合は，業務に内在する危険の現実化とはいえないため，業務起因性が否定される。

　事業主の支配・管理下にあるが，業務に従事していない場合はどうだ

ろうか。たとえば，休憩時間や就業前後の時間である。この場合，事業主の施設管理下にあると認められるが，実際に仕事をしていないため，原則として業務起因性が否定され，業務災害とは認められない。ただし，事業場の施設・設備や管理状況などが原因で発生した災害は業務災害にあたる。

　次に，事業主の支配下にあるが，管理下を離れて業務に従事している場合，たとえば，出張をしている場合には，途中で積極的な私的逸脱行為を行うなど特段の事情がない限り，往復の移動や宿泊の時間を含めて業務上の災害と認められる（大分労基署長事件・福岡高判平5・4・28労判648号82頁）。

（6）過労死・過労自殺と労災認定

1）過労死と労災認定

　裁判所は，過重な業務と発症の期間に関して，行政解釈や支給決定基準に比べてより長い期間について考慮し，また過労死における業務の過重性と死亡の因果関係を緩やかに解する判断をおこなった。

　このような判例を受け，厚生労働省は新たな通達「脳血管疾患及び虚血性疾患等の認定基準について」（平13・12・12・基発第1063号）を示した。新認定基準は，①脳・心臓疾患の発症に影響を及ぼす業務による明らかな過重負荷として，長期間にわたる疲労の蓄積についても考慮すべきであるとし，②長期間の蓄積の評価期間をおおむね6か月とし，③長期の業務の過重性評価における労働時間の目安を示し，④業務の過重性評価の具体的負荷要因として，労働時間，不規則な勤務，拘束時間の長い勤務，出張の多い業務，交替制勤務，深夜勤務など，業務の負荷を評価する指標を示したこと等である。現在の認定基準は，長期の過重業務については発症前おおむね6か月について考慮し，発症前1か月の間

に時間外労働が100時間を超える場合，発症前 2 か月から 6 か月の間に時間外労働が 1 か月あたり80時間を超える場合には，因果関係があるとみなして，原則として労災保険の適用を認めるものとなっている。

2 ）過労自殺と労災認定

労働者が過重業務によりうつ病等の精神疾患にかかり，自殺するケースも少なくない。過労自殺の場合には，過労死と違い，故意に自殺をしたとも考えられるため，過労自殺のケースでは労災認定をめぐって訴訟で争われることも少なくなかった。

1999（平成11）年の「精神障害等の労災認定に係る専門検討会報告書」では，自殺が「精神障害によって正常な認識，行為選択能力が著しく阻害され，あるいは自殺行為を思いとどまる精神的な抑制力が著しく阻害されている状態」で行われた場合には，「故意」ではないと解するとしている。

厚生労働省は，「心理的負荷による精神障害等に係る業務上外の判断指針」（平11・9・14基発第544号）を公表しており，この指針に基づいて判断される。具体的には，対象疾病に該当する精神障害を有しており，対象疾病の発症前おおむね 6 か月の間に業務による強い心理的負荷が認められ，かつ業務以外の要因によって精神障害を発症したとは認められない場合には，業務上の精神障害として認めるとした。心理的負荷に関しては，労働者の心理的負荷を弱・中・強の三段階に分け，「強」と判断された場合には労災保険の適用を認めることとなっている。

（7）通勤災害

通勤中の災害についても労災保険の対象となる。「通勤災害」とは，「労働者の通勤による負傷，疾病，障害又は死亡」と定義されている（労災保 7 条 1 項 2 号）。「通勤」とは，住居と就業場所等の間を合理的

な経路と方法で移動することをいい（同条2項），移動経路からの逸脱や移動の中断があった場合には，「通勤」とは認められない（同条3項）。

　ただし，経路の逸脱または中断が，日常生活上必要な行為であって，厚生労働省令で定めるものをやむを得ない事由により行うための最小限のものである場合には，通勤として扱われる。「厚生労働省令で定めるもの」としては，日用品の購入，職業能力開発のための受講，選挙権の行使，病院での診療等がある（労災保施行規則8条）。裁判例では，介護目的での通勤経路からの逸脱後の災害について通勤災害と認めている（羽曳野労基署長事件・大阪高判平19・4・18労判937号14頁）。同判決後，家族の介護についても厚生労働省令に定められ，立法的に解決がなされた。

4. 労働災害と損害賠償

（1）労災民訴の意義

　これまで検討したように，労災保険は，業務災害を被った労働者に立証責任を軽減し，より確実に補償が受けられるように制度設計がなされている。しかし，労働者に発生した損害をすべてカバーするものではなく，精神的な苦痛に対する慰謝料といった給付がなされるものではない。使用者の責任を追及したいというケースもあるところであろう。そこで，損害賠償を求める手段として，裁判所に民事訴訟を提起することが認められている。

　労災民訴として裁判所で使用者などに損害賠償を請求する根拠としては，不法行為（民法709条）と安全配慮義務（民法415条，労契法5条）がある。

　これまでは不法行為責任を追及することも多かったが，安全配慮義務に基づく債務不履行責任を追及することが多くなっている。債務不履行

を主張する場合，損害賠償請求の消滅時効が10年と長く，債務不履行の帰責事由の立証責任が被告である使用者に展開されている点において，不法行為責任を主張する場合よりも有利であるといわれる。実務上は，両者をあわせて請求することが多い。

　安全配慮義務とは，「ある法律関係に基づいて特別な社会的接触の関係に入った当事者間において，当該法律関係の付随義務として当事者の一方又は双方が相手方に対して信義則上負う義務」のことをいう（陸上自衛隊八戸車両整備工場事件・最三小判昭50・2・25民集29巻2号143頁）。

　電通事件（最二小判平2・3・24判時1707号87頁）では，過労自殺の損害賠償責任が争われ，最高裁は，「使用者は，その雇用する労働者に従事させる業務を定めてこれを管理するに際し，業務の遂行に伴う疲労や心理的負荷等が過度に蓄積して労働者の心身の健康を損なうことがないように注意する義務」を負うとしてしたうえで，使用者の損害賠償責任を肯定している。

　労働者が長時間労働により死亡したケースにおいて，取締役が会社に対する善管注意義務を懈怠したと認められる場合には，損害賠償責任を負う（大庄ほか事件・大阪高判平23・5・25労判1033号24頁）。

（2）労災民訴における過失相殺

　使用者に損害のすべてを賠償させるのが公平にかなわないと考えられる場合に，裁判所は，過失相殺の規定（民法722条2項）を類推適用して損害賠償の額を決定することがある。

　前掲・電通事件において最高裁は，損害の発生に寄与した労働者の性格などの心理的要因を一定程度斟酌できるとしつつも，「特定の労働者の性格が同種の業務に従事する労働者の個性の多様さとして通常想定範

囲を外れるものでない限り」，過失相殺の対象とはならないと判断して
いる。

また，東芝うつ病（労災民訴）事件（最判平二小判26・3・24判時2297
号107頁）では，うつ病にり患した労働者が病名などを使用者に正確に
伝えなかったことが労働者の過失といえるかが争われた。過失相殺を認
めた原審に対し，最高裁は，使用者が労働者の状況を知りえた場合に
は，それを理由として過失相殺を認めることはできないと判断した。

（3）労災保険給付と損害賠償の調整

労働災害により被害を受けた場合，労災保険給付請求と損害賠償請求
をいずれも行うことは可能である。しかし，被災労働者もしくはその遺
族が給付と賠償を二重に受け取ることは認められない。法的処理として
は，労基法84条2項を類推適用して，すでになされている労災保険の給
付額について，被災労働者に対して支払われる損害賠償の額から控除す
る方法が一般的になっている。

1　労災保険と労災民訴の違いは何か。ポイントを整理してみよう。

2　過労死等の問題が長年解決されないのはなぜか，その社会的・文化的要因について考えてみよう。

3　職場でのメンタルヘルスの不調を防止するためには，どのような対策が有効だろうか。考えてみよう。

参考文献

・日本労働法学会編『講座労働法の再生第 3 巻　労働条件論の課題』（日本評論社，2017年）

・高橋幸美＝川人博『過労死ゼロの社会を』（連合出版，2017年）

・熊沢誠『過労死・過労自殺の現代史—働きすぎに斃れる人たち』（岩波書店，2018年）

10 | 労働契約の終了

《**目標＆ポイント**》 労働契約の解約をめぐっては，解雇や退職強要などさまざまな法的紛争が生じる。わが国において解雇のルールはどのように形成されてきたのか。また，雇用終了のルールの課題は何か。雇用終了をめぐる法律問題について検討する。

《**キーワード**》 解雇，整理解雇，合意解約，辞職，定年，変更解約告知

1．労働契約の終了の種類

　労働契約の終了の場面は，労使で争いが生じやすいところである。とりわけ，使用者が一方的に労働契約を終了させる解雇については，労働者の意向に反するもので，生活にも直結することになることから，紛争になることも多い。

　最近では，転職をすることでキャリアアップを図る人も増えており，自主的に退職する場面も少なくない。また，経営状況によって希望退職の募集などを行うことや，経営上の理由で使用者による整理解雇が行われる場合もある。

　労働契約の終了の理由としては，①解雇，②合意解約，③辞職，④定

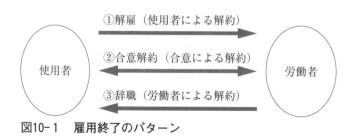

図10-1　雇用終了のパターン

年, ⑤期間満了の5つがある。⑤については第11章で取り上げるが, こ
こでは, 解雇, 合意解約, 辞職の違いを中心にみていくことにしよう。

2. 解雇

(1) 解雇権濫用法理

解雇とは, 法的には使用者が労働契約を将来に向けて一方的に解約す
ることをいう。民法627条1項は, 期間の定めのない労働契約について
解約の自由の原則を定めている。すなわち, 当事者が雇用の期間を定め
なかったときは, 各当事者は, いつでも解約の申入れをすることがで
き, この場合において, 雇用は, 解約の申入れの日から2週間を経過す
ることによって終了する。このように, 民法上は, 期間の定めのない労
働契約において, 労働者のみならず, 使用者にも解約の自由が認められ
ている。

民法典の起草者の1人である梅謙次郎によれば, 期間を定めない雇用
契約の当事者は, 永久に契約関係が存続することは望まないのが通常で
あることから, 当事者に解約の自由を与えるものとし, ただし, 突然の
解約は相手方に不利益をあたえることから2週間の予告期間を定めたも
のであると説明している。裁判所の判決においても, 戦後まもない段階
では, 法は積極的に解雇に理由を求めていないと判断するものもあり,
かつては解雇を自由とする考え方もあった。

しかし, 実際には, 使用者側の意向次第で労働者を自由に解雇できる
となると, 労働者は日々の生活に困ることになる。そこで使用者側の解
約の自由, すなわち解雇については, その原則が大きく修正されること
になった。戦後, 下級審裁判例の積み重ねによって, 解雇の自由は修正
され, 後の最高裁によって確立したのがいわゆる「解雇権濫用法理」で
ある。

　最高裁は，日本食塩製造事件（最二小判昭50・4・25民集29巻4号456頁）において，解雇権濫用法理と呼ばれるルールを確立させる。すなわち，「使用者の解雇権の行使も，客観的に合理的な理由を欠き，社会通念上正当として是認することができない場合には，権利の濫用として無効となる」というルールを確立させた。また，最高裁は，アナウンサーの二度にわたる寝坊等を理由とした普通解雇の有効性が争われた事案において，解雇権濫用法理に基づき当該解雇を無効と判断している（高知放送事件・最二小判昭52・1・31労判268号17頁）。

　その後，2003（平成15）年に労基法に立法化され，現在では労契法16条において，「解雇は，客観的に合理的な理由を欠き，社会通念上相当であると認められない場合は，その権利を濫用したものとして，無効とする」と規定されている。

　解雇権濫用法理は，解雇事由が「客観的に合理的な理由」といえるか否か，解雇が「社会通念上相当である」か否かという，2つの異なる観点から，個別具体的な事案に応じて，解雇の有効性を判断するものである。

　判例では，解雇権濫用法理における相当性の原則を明らかにしている。具体的には，解雇が就業規則の解雇事由に該当して，合理的な理由があると判断されたとしても，労働者の情状（反省の程度，過去の勤務態度や処分歴，年齢，家族構成等），他の労働者の処分とのバランス，使用者側の対応等を考慮して，労働者に均衡を失するほどの不利益を及ぼす場合は，社会通念上の相当性を欠くものとして解雇は濫用とされる。

　また，勤務成績不良や勤務態度不良を理由とする解雇の有効性についても，法的に争われることが多い。裁判例の傾向としては，たんに勤務成績不良や勤務態度不良の事実が認められるだけではなく，使用者が当該労働者に対して改善に向けた注意指導教育等を行っても，なお改善の

見込みがないといった場合でなければ，解雇の有効性は認められない（セガ・エンタープライゼス事件・東京地決平11・10・15労判770号34頁，ブルームバーグ・エル・ピー事件・東京高判平25・4・24労判1074号75頁）。

　使用者は就業規則に解雇事由を記載しなければならない（労基法89条3号）。これは解雇事由を予め使用者に明らかにさせるために設けられた規制である。そのため，就業規則を作成している使用者であれば，解雇事由が就業規則に定めてあるのが一般的である。解雇事由の具体例としては，労働者側の事情（労働者の傷病，能力不足，適格性の欠如，欠勤，勤務態度不良，経歴詐称，業務命令違反，非違行為，服務規律違反等）と使用者側の事情（経営上の必要性）といったものがある。

（2）整理解雇

　経営上の必要性に基づく解雇は，判例によって判断基準が形成されている。それが整理解雇の4要件（要素）と呼ばれるものである（東洋酸素事件・東京高判昭54・10・29労判330号71頁）。

　すなわち，整理解雇が認められるためには，人員削減の必要性，解雇回避に向けた努力の程度，人選の合理性，手続きの妥当性について，それぞれ基本的に満たす必要がある。裁判例では，4つの観点全てを判断しない場合もあることから，解雇を判断するための4つの要素という位置づけがなされることもある。4つの観点は，一般に次のように判断される。

（1）人員削減の必要性
（2）解雇回避努力
（3）人選の合理性
（4）手続の妥当性

図10-2　整理解雇の4要件（要素）

（1）　人員削減の必要性

　人員削減が企業経営上の十分な必要性に基づくもの，またはやむを得ないものであることが必要とされる。この必要性は，倒産必至といった高度な必要性まで要求されるものではなく，赤字である等，経営上の困難から人員削減が必要とされるという程度で足りると解されている。

（2）　解雇回避努力

　使用者は，整理解雇を実行する前に，採用募集の停止，希望退職の募集など，解雇を回避する努力をする信義則上の義務を負っている。裁判例では，希望退職の募集の有無が重視されることが多いが，退職金の上乗せといった経済的な不利益の緩和を考慮する裁判例もある。

（3）　人選の合理性

　使用者は，整理解雇をするにあたって，客観的で合理的な基準を設定し，これを公正に適用することが求められる。恣意的に整理解雇の対象者を選定した場合には，整理解雇は濫用となる。

（4）　手続の妥当性

　使用者が整理解雇を行なうにあたって，労働組合または労働者に対して，整理解雇の必要性，その時期，規模，方法等について十分な説明，協議を行なうことが求められる。

（3）法令上の解雇制限

　労基法などには使用者の解雇権を制約する規定が設けられている。ここでは主要な解雇規制について確認することにしよう。

1）業務災害・産前産後の場合の解雇制限

　使用者は，労働者が業務上の負傷・疾病の療養のため休業する期間及びその後30日間，及び産前産後の女性が労基法65条により休業する期間とその後の30日間は，その労働者を解雇できない（労基法19条1項）。

これは再就職が難しい時期の解雇権の行使を制限しようとする趣旨である。ただし，天災事変その他やむを得ない事由のために事業の継続が不可能となった場合，労働基準監督署の除外認定を受ければそのかぎりではない（同19条2項）。

2）解雇予告

使用者は労働者を解雇しようとする場合，少なくとも30日前の解雇予告またはこれに代わる解雇予告手当の支払いを義務づけられている（労基法20条）。解雇予告手当を支払わないまま，即時に解雇をした場合その効力が問題となるが，判例は，解雇通知後30日間の期間経過時点または解雇通知後に解雇予告手当を支払った時点のいずれかから解雇の効力が生じると解している（細谷服装事件・最二小判昭35・3・11民集14巻3号403頁）。

3）その他の解雇制限

法令により一定の理由に基づく解雇は制限されている。たとえば，労働者の国籍信条又は社会的身分を理由とする解雇（労基法3条），労働者が裁量労働制の適用について同意しなかったことを理由とする解雇（同38条の4），監督機関への申告を理由とする解雇（同104条2項），性別を理由とする解雇（均等法6条4項），労働者が個別労働紛争解決促進法に基づく紛争解決の援助を求めたことを理由とする解雇（個別労働紛争解決促進法4条3項），公益通報を理由とする解雇（公通法3条），労働者派遣法違反の事実の申告を理由とする解雇（派遣法49条の3第2項），育児・介護休業の取得（育介法10条，16条），正当な労働組合活動を理由とする解雇（労組法7条1号）などである。

（4）解雇の法的救済

1）地位確認

　使用者が行った解雇が解雇権濫用にあたる場合，当該解雇は無効となる（労契法16条）。訴訟では，解雇された労働者は労働契約上の地位確認請求をすることにより，解雇が解雇権濫用にあたると認められれば，職場に復帰することができる。

2）賃金請求権

　使用者が解雇をした場合には，労働者は現実には労務提供をしていない。しかし，解雇権を濫用した解雇は使用者の責めに帰すべき事由によるものであることから，民法536条2項の規定に基づき，賃金請求権が認められる（第5章1の（2）参照）。すなわち，使用者（債権者）による無効な解雇が原因で労働者（債務者）による労務提供という債務が履行できなくなったとして，労働者（債務者）は反対給付である賃金請求権を失わないことになる。

　なお，賃金請求にあたっては，労働者が解雇された後に他で働いて収入を得ていた場合，こうした中間収入をどのように取り扱うべきかが問題となる。判例は，労働者は平均賃金の6割までの部分について休業手当が保障されるので（労基法26条），当該賃金額のうち平均賃金の6割に達するまでの部分については利益控除の対象とすることはできず，平均賃金の6割を超える賃金部分については中間収入を直接控除することは適法であると判断している（米軍山田部隊事件・最二小判昭37・7・20民集16巻8号1656頁，あけぼのタクシー事件・最一小判昭62・4・2判時1244号126頁）。

3）損害賠償請求

　解雇が不法行為となる場合には，解雇の無効を主張するほかに，労働者は使用者に対して不法行為に基づく損害賠償請求をすることもでき

る。解雇により経済的な損害が発生した場合には当該現実の損害の賠償
請求が，精神的苦痛を受けた場合には慰謝料の請求が可能である。

（5）変更解約告知

　変更解約告知とは，新たな労働条件での労働契約再締結の申し入れを
伴った解雇のことをいう。たとえば，使用者が，労働条件の変更の手段
として，労働条件変更の提案をして，これに応じない場合に解雇するこ
とを告げるなどの場合である。

　ドイツでは，こうした変更解約告知のルールが制度化されているが，
我が国では，裁判例・学説ともに変更解約告知を認める見解と認めない
見解に分かれている。裁判例においても，変更解約告知を認めた裁判例
もあるが（スカンジナビア航空事件　東京地決平 7・4・13労判675号
13頁），実務として定着した法理には至っていない。

コラム　解雇の規制緩和と解雇の金銭解決制度

　経済のグローバル化と情報技術革新の進展により，企業は，世界の中で
その価値を高めていくことが求められている。そのような状況の中で，解
雇規制を緩和したほうがよいとする議論もなされている。

　論者によってその内容が異なるが，解雇を規制することの弊害として，
経済学者を中心に次のような指摘がなされてきた。それは，解雇が制限さ
れている結果，衰退産業から新興産業への労働移動が制限され，日本の産
業活力を阻害している，整理解雇の 4 要件は極めて厳格であり，企業経営
の立て直しを難しくしている，企業が解雇以外の方法で労働者を退職させ
なければならないため，追い出し部屋などの陰湿な措置をとることを誘発
している，といった意見がある。また，解雇規制が強いために経営状況が
良くても企業が採用をためらってしまう，解雇規制が正社員と非正規社員

の格差の拡大を招いているといった意見もある。これに対し，解雇規制緩和はいたずらに正社員の失業を増やすだけであって，必ずしも失業率の低下・雇用の増大という望ましい結果をもたらさないという批判もなされている。

　解雇を急激に規制緩和することについて，みなさんはどのように考えるだろうか。生活への影響も大きいこともあり，意見の分かれるところであろう。

　解雇の金銭解決制度を導入するかどうかという点についても議論がされている。これまで，解雇に関する紛争は，職場に復帰することを求めることが主流であったが，今職場復帰という選択肢だけでなく，金銭で解決したいというニーズもある。実際，個別労働紛争解決制度では，金銭による紛争解決が実際に広く行われている。

　解雇の金銭解決制度を立法で制度化すべきかどうかも検討されている。具体的には，厚生労働省が「解雇無効時の金銭救済制度に係る法技術的論点に関する検討会」において検討を行っており，そこでは，①労働者に対する解雇がなされ，②当該解雇が客観的合理性を欠き，社会通念上相当であると認められない場合で，③労働者から使用者に対して労働契約解消金の支払いを求めた場合には，使用者が労働契約解消金を支払うことで労働契約が解消するというものである。具体的にどのように制度設計をするかは，議論が必要な論点であり，紛争解決機関として広く裁判外紛争解決手続きを活用するかどうか，労働契約解消金をどの程度の水準にするかといった論点について議論が行われている。今後の重要な政策課題になるであろう。

3．退職

（1）合意解約

　合意解約とは労働者と使用者が労働契約を将来に向けて合意により解約することをいう。合意解約には，使用者が労働者に対して退職を勧めそれに対して労働者が承諾をする場合と，労働者が使用者に対して退職願を提出しそれに使用者が承諾をする場合がある。

　合意解約の申し込みは要式行為ではないので，退職願等の書面による必要はなく，口頭や電子メールでの意思表示も可能である。もっとも，合意解約が労働契約の終了という法的効果をもたらす以上，労働者の申し込みの意思表示を明確に行われなければならない。

　労働者と使用者の合意が形式的には一致していたとしても，詐欺や脅迫による退職の意思表示は取り消しが認められることがある（民法96条）。

（2）辞職

　辞職というのは労働者の一方的な意思表示によって労働契約を解約することである。民法では，労働者が辞めたいと思った時には，辞職できることになっている（民法627条）。すなわち，辞職の意思を表明すれば，2週間で労働契約の終了をという効果を法的に生じる。

（3）合意解約と辞職の区別

　労働者が退職する際に書面によって退職の意思表示をすることが多い。法的にはこれらが合意解約の申し込みなのか，辞職の意思表示なのかが問題となることがある。

　合意解約は，労使双方の合意が必要なので，労働者からの申し込みが

あっても使用者が承諾しなければ解約の効果は発生しない（大隈鐵工所事件・最三小判昭62・9・18労判504号6頁）。他方，辞職の場合には，労働者の一方的な意思表示によって，一定の期間が経過した後に効果が発生する。

　合意解約と辞職の区別は，使用者の対応を待つものか，使用者の対応を待たずに労働契約を解約しようとする趣旨のものか，個々の事案に照らして判断される。

　わが国では退職は依願退職という形式をとって，労働者が退職願を提出して使用者が受理するという形式になっていることが多い。これは合意解約のように見えるが，労働者は使用者の承認がないと退職できないということにはならず，たとえ使用者が承認しなくても，退職をすることができる。

（4）退職勧奨

　解雇が解雇権濫用法理等によって法的に制約されていることもあり，労働者が任意に退職することを求める退職勧奨が行われることがある。そこで法的問題として意識されるようになったのが退職勧奨はどの程度許されるのか，行き過ぎた退職勧奨について，どのような法的救済があるかという問題である。

　退職勧奨は，任意のものであるかぎりは，違法にはならない。しかし，退職勧奨の方法があまりに度を超えている場合には，使用者に損害賠償責任が生じることがある。例えば，本人が辞めたくないと述べているにも関わらず，何度も執拗に退職を迫ったり，人格を傷つけるような態様で退職勧奨を行った場合には，社会通念に照らし不法行為責任を生じる場合がある（下関商業高校事件・最一小判昭55・7・10労判345号20頁）。労働者本人の退職しない意思が明白である場合には，使用者と

しては，同様の退職勧奨行為を繰り返すべきではなく，退職の際の退職金の上乗せを行うなど他の方法を考えることが望ましい。使用者は労働者に対し，「労働者がその意に反して退職することがないように職場環境を整備する義務」を負うとした裁判例もある（エフピコ事件・水戸地下妻支判平11・6・15労判763号7頁）。

4．定年

（1）定年とは

　定年というのは一定年齢の到達を労働契約の終了事由の一つとして定めたものである。定年制は，日本の長期雇用制度を支える仕組みであり，個人の能力，適格性，過去の業績，将来の貢献可能性などの要素を全て無視して，一律に労働契約関係を解消しようとするものであり，ある意味では形式的平等を貫く仕組みである。

（2）高年齢者の雇用安定

　高齢者の増加をふまえ，雇用の継続を促す高年齢者雇用安定法（高年法）が整備されている。同法は，高齢者が年金支給開始まで働き続けられる環境整備が目的である。

　定年を定める場合，その定年年齢は60歳以上とする必要がある（高年法8条）。定年年齢を65歳未満に定めている事業主は，その雇用する高年齢者の65歳までの安定した雇用を確保するため，高年齢者雇用確保措置として，①65歳までの定年の引上げ，②65歳までの継続雇用制度の導入，③定年の廃止のいずれかの措置を実施する必要がある（同9条）。

　ここでいう継続雇用制度とは，雇用している高年齢者を，本人が希望すれば定年後も引き続いて雇用するといった制度をいう。従業員が希望すれば，同じ企業かグループ企業で継続雇用をすることが求められる。

高年法の改正により，継続雇用制度は希望者全員を対象とすることが必要である。なお，継続雇用先は自社のみならずグループ会社とすることも認められている。実行しなければ行政指導の対象となり，社名が公表されるなどのペナルティもある。

　判例には，定年到達者を1年嘱託雇用した後に，継続雇用を拒否した事案において，継続雇用の成績基準を満たしているとして，継続雇用拒否を無効と判断したものもある（津田電気計器事件・最一小判平24・11・29労判1064号13頁）。

1 解雇権濫用法理はどのようなルールか。解雇権濫用法理に基づいて，どのような訴えを起こすことができるか。

2 解雇の自由を認める雇用システムと解雇を制限する雇用システムについて，それぞれのメリットとデメリットを考えてみよう。

3 解雇を事後的に金銭で解決できる解雇の金銭解決制度を立法化すべきという意見もある。解雇の金銭解決制度を制度化すべきか，考えてみよう。

参考文献

・小宮文人『雇用終了の法理』（信山社，2010年）

・野田進ほか編著『解雇と退職の法務』（商事法務，2012年）

・大内伸哉・川口大司編著『解雇規制を問い直す─金銭解決の制度設計』（有斐閣，2018年）

11 | 非正規雇用と待遇格差の是正

《**目標＆ポイント**》 わが国では，非正規雇用をめぐってさまざまな法制度が構築されている。均等待遇や均衡待遇をめぐる法改正の動向などをふまえながら，有期労働契約，パートタイム労働，派遣などの働き方をめぐる法律問題について検討する。

《**キーワード**》 非正規雇用，有期労働契約，パートタイム労働，労働者派遣，均等待遇，均衡待遇

1. パートタイム労働・有期雇用労働

　わが国には，アルバイト，パートタイム労働，派遣社員，契約社員，嘱託社員など，非正規雇用と呼ばれる働き方がある。非正規労働者は，正社員とは異なる待遇となるのがこれまでの通常の取扱いであった。現在，日本では，非正規労働者の割合は約4割となっている（図11-1）。賃金などの待遇の違いも大きく，格差の大きな要因となっている。

　そこで，2018（平成30）年にいわゆる「働き方改革関連法」が立法化され，「短時間労働者及び有期雇用労働者の雇用管理の改善等に関する法律」（パート・有期法）が成立した。この法改正により，短時間労働者と有期雇用労働者が共通の法律によって規定されることとなった。同法の施行は，大企業については2020（令和2）年4月，中小企業は2021（令和3）年4月である。

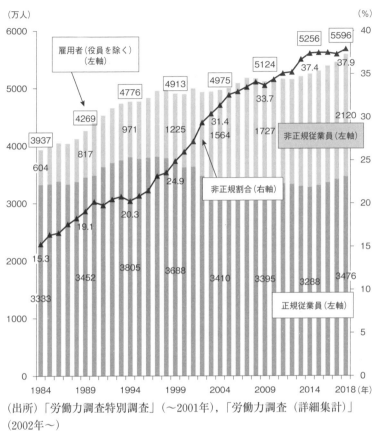

（出所）「労働力調査特別調査」（〜2001年），「労働力調査（詳細集計）」
（2002年〜）

図11-1　正規・非正規労働者数の推移

（1）短時間労働者・有期雇用労働者の定義

　短時間労働者とは，１週間の所定労働時間が同一の事業主に雇用され
る通常の労働者（いわゆるフルタイム）の１週間の所定労働時間に比べ
て短い労働者のことをいう（パート・有期法２条１項）。上記の定義に
あてはまれば，アルバイト，パートタイム労働者など呼び方は違って

も，短時間労働者に該当する。有期雇用労働者とは，「事業主と期間の定めのある労働契約を締結している労働者」である（同条2項）。「短時間・有期雇用労働者」とは，「短時間労働者及び有期雇用労働者」をいう（同条3項）。

（2）労働契約の期間の上限規制

労働契約の期間については，人身拘束の観点から，原則として3年を上限とする。一定の事業の完了に必要な期間を定める場合や，高度の専門的知識等を有する者，満60歳以上の労働者との契約には例外として5年の上限を設定することができる（労基法14条）。

使用者は，労働契約により労働者を使用する目的に照らして，必要以上に短い期間を定めることにより，その労働契約を反復して更新することのないよう配慮しなければならない（労契法17条2項）。

（3）労働条件の文書交付・説明義務

短時間・有期雇用労働者をめぐり，労働条件の不明確性が問題となることが多い。そこで，短時間・有期雇用労働者については，労基法15条の労働条件明示に加え，昇給，退職手当，賞与の有無及び相談窓口について，雇入れ時に文書交付等により明示しなければならない（パート・有期法6条）。また，短時間・有期雇用労働者を雇入れる際には，講ずる雇用管理の措置の内容を説明しなければならない（同14条第1項）。短時間・有期雇用労働者から求めがあったときは，通常の労働者との間の待遇差の内容やその理由等について説明しなければならない（同条第2項）。待遇の説明を求めたことを理由とする不利益取扱いは禁止される（同条第3項）。

（4）通常の労働者への転換の推進

　事業主は，正社員への転換を推進するため，短時間・有期雇用労働者について，①通常の労働者を募集する場合に募集事項を周知すること，②通常の労働者を新たな配置にする場合に配置の希望を申し出る機会を与えること，③通常の労働者への転換のための試験制度など転換推進措置を講じることのいずれかを講じなければならない（パート・有期法13条）。

（5）無期労働契約への転換

　同一の使用者との間で有期労働契約を締結し，その反復更新により通算5年を超えて継続雇用されている労働者が，使用者に対して，現在締結している有期労働契約の契約期間が満了するまでの間に，この満了日の翌日から労務が提供される期間の定めのない労働契約の締結の申込みをしたときは，使用者は当該申込みを承諾したものとみなされる（労契法18条1項）。たとえば，1年契約の場合は5回更新され6回目以降の契約に至っている場合，その6回目の契約の期間中に，労働者が無期労働契約への転換を使用者に申し込めば，使用者はそれを承諾したものとみなされ，その契約の満了の翌日を就労の始期とする無期労働契約が申込みの時点で成立する（図11-2）。ただし，契約の間に6か月以上の空白期間（クーリング期間）があるときは，以前の有期労働契約の契約期

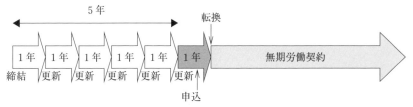

※通算契約期間のカウントは，2013年4月1日以後に開始する有期労働契約が対象
※6か月以上のクーリング期間があるときは，前の契約期間を通算しない
※あらかじめ労働者に無期労働契約申込権を放棄させることは，公序良俗に反し無効となる

図11-2　無期労働契約への転換　契約期間が1年の場合

間は通算契約期間に算入されない（同条2項）。空白期間前の通算契約期間が1年未満の場合，クーリング期間はその期間の2分の1の期間を基礎として省令で定める期間となる（同項）。労働者の転換申込権を予め放棄させることは，同条の趣旨を没却するものであるため，無効となる。

　無期に転換した場合の労働条件の内容については，「別段の定め」がない限りは，契約期間を除き従前と同一となる（同条1項）。もっとも，短時間・有期雇用労働者等について均等・均衡待遇が規定されたことに鑑みると，無期に転換した場合の労働条件は，正社員との実態にあわせた処遇にすることが要請されよう。

（6）雇止め法理

　雇止めとは，有期労働契約の期間満了時に，契約更新をしないことをいう。

　雇止めは，契約期間中になされる解雇とは異なり，解雇権濫用法理を直接適用することはできない。しかし，有期労働契約が反復更新されていた場合には，労働者は雇用の継続を期待していると認められる場合に，法的保護を一切与えないのが妥当かが問題となる。裁判例は，解雇権濫用法理を類推適用することにより，一定の救済を図ってきた。

　判例は，契約更新が5回されたという事情を認定したうえで，労働者に雇用関係が継続されるという合理的な期待が生じていたと評価して，解雇権濫用法理を類推適用し，雇止めに制限を設ける判断をしている（日立メディコ事件・最一小判昭61・12・4労判486号6頁）。

　労契法19条は，このような雇止めに関する判例法理を明文化したものである。同条は，「有期労働契約であって次の各号のいずれかに該当するものの契約期間が満了する日までの間に労働者が当該有期労働契約の

更新の申込みをした場合又は当該契約期間の満了後遅滞なく有期労働契約の締結の申込みをした場合であって，使用者が当該申込みを拒絶することが，客観的に合理的な理由を欠き，社会通念上相当であると認められないときは，使用者は，従前の有期労働契約の内容である労働条件と同一の労働条件で当該申込みを承諾したものとみなす」と定めている。

雇止めの有効性は，労契法19条に基づいて判断されることとなる。

2．均等待遇・均衡待遇の確保

非正規雇用の増加により，社会問題として賃金格差の是正が求められている。雇用形態によって賃金格差が大きいのがわが国のひとつの特徴である（図11-3）。

「働き方改革関連法」では，正社員を重視して非正規労働者を軽視する雇用慣行を変えることが大きな柱になっている。法改正の特徴は，

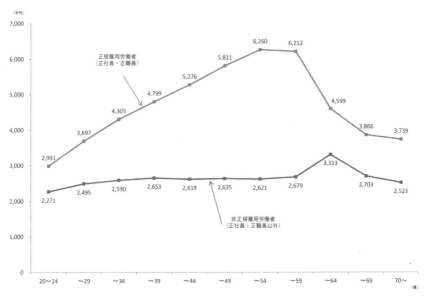

（出所）厚生労働省「賃金構造基本統計調査」（平成30年）
（注）賃金は，「所定内給与額」に12を乗じて「年間賞与その他特別給与額」を加えたもの。
図11-3 雇用形態別の年齢別賃金水準

パートタイム労働, 有期契約労働, 派遣労働という3つの雇用形態の待遇について, 基本的に同一の法原則におくところにある。

　同一企業内において, 正規と非正規との間で, 基本給や賞与などあらゆる待遇について不合理な待遇差を設けることが禁止される。ポイントになるのは,「均等待遇」と「均衡待遇」という2つの考え方である。

(1) 均等待遇

　「均等待遇」に係る定めは, 次の通りである。雇用の全期間において, 職務の内容及び人材活用の仕組みや運用などが正社員と同じ短時間・有期雇用労働者については, 基本給, 賞与, その他の待遇のそれぞれについて, 差別的取扱いをしてはならない (パート・有期法9条)。同条違反に該当するか否かは, ①職務内容 (業務内容・責任の程度), ②雇用の全期間において職務内容・配置の変更範囲が通常の労働者と同視しうる場合をもって判断される。

　わが国の雇用慣行の下では, ②の職務内容や配置等が正社員と短時間・有期雇用労働者で異なることが多く, 本条違反とされた事案は限られているが, パート・有期法9条の前身である旧パート法8条1項違反の例として, ニヤクコーポレーション事件 (大分地判平25・12・10判時2234号119頁) がある。

(2) 均衡待遇

　「均衡待遇」とは, 比較対象となる通常の労働者と短時間・有期雇用労働者の職務内容, 人材活用の仕組み等が「等しくなく」とも, 個別処遇上のバランスが取れていない場合, 当該処遇ごとに均衡待遇違反としてその是正を求めるものであり,「均等待遇」と比べて, その射程は広いものと解される。短時間・有期雇用労働者の待遇については, 通常の

労働者の待遇との間において，不合理と認められる相違を設けてはならないと規定された（パート・有期法8条）。これは，旧パート法8条と旧労契法20条とを統合したものである。

　不合理な相違かどうかの判断にあたっては，①職務内容（業務内容・責任の程度），②職務内容・配置の変更範囲，③その他の事情のうち，当該待遇の性質及び当該待遇を行う目的に照らして適切と認められるか否かを考慮する。相違の不合理性判断にあたっては，「基本給，賞与その他の待遇のそれぞれについて」判断するものとされ，賃金の総額の比較ではなく，個々の待遇（例えば諸手当）ごとに，判断しなければならない。また，通常の労働者との比較は，法改正前は事業所単位であったが，法改正後は事業主単位で比較することとなった。

　短時間・有期雇用労働者について，賃金の決定，教育訓練の実施及び福利厚生施設の利用に関し，多様な就業実態に応じて正社員と均衡のとれた待遇の確保が努力義務となる（同10条〜12条）。不合理な待遇差の是正を求める労働者にとって，裁判に訴えることは経済的負担を伴うため，行政による事業主への助言指導や裁判外紛争解決手続（行政 ADR）が利用できる。

　旧労契法20条に関する最高裁判決としては，ハマキョウレックス事件（最二小判平30・6・1労判1179号20頁）および長澤運輸事件（最二小判平30・6・1労判1179号34頁）がある。長澤運輸事件では，定年後も同じ運転業務に従事する者の正社員との労働条件の相違が旧労契法20条に違反するかどうかが争われ，有期雇用労働者が定年退職後に再雇用された者であることは「その他の事情」として考慮されることを明らかにしたうえで，賃金引下げを不合理ではないとした高裁判決を支持し，精勤手当の不支給については不合理であると判断している。

　もっとも，最高裁は，非正規労働者に賞与や退職金が支払われなかっ

た事案において，最高裁を不支給は不合理とまではいえないとして，割合的に認容した原審の判断を破棄した（学校法人大阪医科薬科大学（旧大阪医科大学）事件・最三小判令2・10・13労判1229号77頁，メトロコマース事件・最三小判令2・10・13労判1229号90頁）。他方，契約社員の扶養手当や夏期冬期休暇の不支給が争われた事案では，不合理な格差にあたると判断している（日本郵便（時給制契約社員ら）事件・最一小判令2・10・15労判1229号58頁，日本郵便（非正規格差）事件・最一小判令2・10・15労判1229号67頁，日本郵便ほか（佐賀中央郵便局）事件・最一小判令2・10・15労判1229号5頁）。

（3）行政による助言指導・裁判外紛争解決手続の整備

　今回の法改正により，行政による事業主への助言指導や裁判外紛争解決手続（行政ADR）に関する規定が整備された。不合理な待遇差の是正を求める労働者にとって，裁判に訴えることは経済的負担を伴うため，無料で裁判外紛争解決手続を利用できるようにしたものである。労使の話し合いで待遇を是正していくことが望ましいところであるが，行政が関与することにより，雇用形態に関わらない公正な待遇を実現していくことが想定されている。

3．労働者派遣

（1）労働者派遣

　労働者派遣とは，「自己の雇用する労働者を，当該雇用関係の下に，かつ，他人の指揮命令を受けて，当該他人のために労働に従事させる」ことをいう（派遣法2条1項）。労働者派遣の特徴は，①派遣労働者と派遣元との間に労働契約関係があること，②派遣労働者と派遣先との間には指揮命令関係だけがあることにある。

　強制労働や中間搾取の問題が生じるため，労働者派遣も長らく禁止されていたが（職安法44条参照），市場のニーズに応える形で1985（昭和60）年に労働者派遣法が制定され，一定の専門的業務に限定して派遣が解禁された。1999（平成11）年の改正では，特定の業務を除き原則自由（ネガティブリスト方式）となり，2003（平成15）年には，製造業への派遣が認められ，大幅に自由化されている。

（2）労働者派遣の対象業務と派遣期間

　2015（平成27）年の法改正により，特定労働者派遣事業と一般労働者派遣事業の区別が廃止され，すべての労働者派遣事業は許可制に統一された（派遣法5条1項）。労働者派遣が禁止されている業務は法令に列挙された業務（港湾運送，建設，警備，医療業務）である。それ以外の業務は派遣を行うことが可能である（同4条1項）。

　事業所単位の派遣可能期間は3年が限度であるが，派遣先の過半数労働組合等から意見聴取した場合，3年延長することができる（事業所単位の派遣可能期間。同40条の2）。派遣労働者個人単位の場合，同一の派遣労働者を派遣先の事業所における同一の組織単位で派遣できる期間は，原則として3年である（個人単位の派遣可能期間。同35条の3，40条の3）。派遣元に期間の定めのない労働契約で雇用されている派遣労働者，60歳以上の者等については期間制限の規制が適用されない（同40条の2第1項1号，2号）。

（3）労働者派遣の雇用安定措置

　派遣元に雇用安定措置の実施が義務づけられる。派遣期間により措置の内容は異なるが，たとえば，同一の組織単位に継続して3年間派遣される見込みがある場合には，派遣先への直接雇用の依頼，新たな派遣先

の提供，派遣元事業主による無期雇用，その他雇用の安定を図るために必要な措置のいずれかの措置を講じなければならない（派遣法30条1項，2項）。また，派遣元は，雇用している派遣労働者のキャリアアップを図るための措置を講じなければならない（同30条の2）。

派遣先についても，講ずべき措置が定められている。具体的には，①派遣労働者から申出のあった派遣就業に関する苦情の適切かつ迅速な処理（派遣法40条1項），②教育訓練実施，福利厚生施設の利用機会の付与義務（同40条2項，3項），③一定の有期契約の派遣労働者に係る雇い入れ努力義務（同40条の4），④派遣先における労働者の募集情報の提供義務（同40条の5）などの措置を行うことを派遣先は求められる。

（4）派遣先による労働契約申込みみなし

違法派遣の場合には，派遣先が派遣労働者に労働契約の申込みをしたものとみなされる。具体的には，①労働者派遣が禁止されている業務での派遣労働者の受け入れ，②無許可の業者からの派遣労働者の受け入れ，③事業所単位ないし個人単位の派遣可能期間の制限を超える派遣労働者の受け入れ，④偽装請負に該当する違法な労働者派遣での派遣労働者受け入れの場合については，派遣先は，当該派遣労働者に対して，その時点における労働条件と同一の労働条件を内容とする労働契約の申し込みをしたものとみなされる（派遣法40条の6）。ただし，派遣先が，その行為が違法であることを知らず，かつ，知らなかったことにつき過失がなかったときは，この限りではない。この労働契約申込みみなしに対して，派遣労働者が承諾の意思表示をした場合には，派遣先と派遣労働者との間に労働契約が成立することになる。

（5）待遇に関する情報提供・説明義務

　労働者派遣は，派遣元と派遣先の間の労働者派遣契約について一定の事項を定め（派遣法26条1項），派遣元は，派遣労働者に就業条件等を明示しなければならない（同34条）。

　また，派遣先は，新たに労働者派遣契約を締結するにあたって，あらかじめ派遣元に対し，比較対象労働者の賃金その他の待遇に関する情報その他の厚生労働省令で定める情報を提供しなければならない（同26条7項）。派遣先がこの情報提供を行わない場合には，派遣元は労働者派遣契約を当該企業と締結してはならない（同条9項）。

　派遣元は，派遣労働者として雇い入れ時に，当該労働者に対し，文書の交付等により特定事項（昇給・賞与・退職手当の有無）を明示する義務（同31条の2第2項1号），職務内容等を勘案した賃金決定（同30条の5）に関して講ずることとされている措置の内容を説明する義務（同31条の2第2項2号）を負う。派遣元は，派遣労働者から求めがあったときは，待遇決定に当たって考慮した事項を説明しなければならない（同31条の2第4項）。説明を求めたことを理由とする不利益取扱いは許されない（同条5項）。

（6）派遣労働者に対する均等・均衡待遇

　派遣労働者に対しては，短時間・有期雇用労働者と同様に，派遣先企業で働く者との均等・均衡待遇の確保が求められる。労働者派遣は，三者関係であるため，均等・均衡待遇の方式とともに，労使協定を締結する方式も認めている。

　均等・均衡待遇の方式を採用する場合，「均等待遇」の確保として，当該派遣先における派遣就業が終了する全期間において，その職務の内容及び配置が当該派遣先との雇用関係が終了するまでの全期間における

当該通常の労働者の職務の内容及び配置の変更の範囲と同一の範囲で変更されることが見込まれるものついては，派遣元事業主は，正当な理由がなく，基本給，賞与その他の待遇のそれぞれについて，当該待遇に対応する当該通常の労働者の待遇に比して不利なものとしてはならない（派遣法30条の3第2項）。

　「均衡待遇」の確保として，派遣元はその雇用する派遣労働者の基本給，賞与，その他の待遇のそれぞれについて，当該待遇に対応する派遣先に雇用される通常の労働者の待遇との間において，不合理と認められる相違を設けてはならない（同30条の3第1項）。これらの条文については，パート・有期法8条及び9条の解釈と基本的に同様の解釈がなされることが想定されている。しかし，現状では，業務の種類に基づいて賃金が決定される職務給という方式が定着していないわが国において，三者関係である派遣関係につき，労働者の均衡待遇を講じることは容易ではない。

　そこで，労使協定による待遇の決定方式も例外として設定されている。派遣労働者と派遣元事業者が一定の要件を満たす労使協定を締結し，それが実際に履行されている場合には，その例外として派遣先労働者との均等・均衡待遇の規定は適用しない（同30条の4）。労使協定方式の場合，適用対象の労働者に周知や通知（同30条の4第2項，同35条），派遣元と派遣先の管理台帳に対象労働者の記載（同37条，42条）等が求められる。

学習課題	1	無期労働契約への転換は，ヨーロッパ各国でもみられる法制度である。諸外国ではどのような法制度がとられているか，調べてみよう。

1 無期労働契約への転換は，ヨーロッパ各国でもみられる法制度である。諸外国ではどのような法制度がとられているか，調べてみよう。

2 わが国の均等待遇・均衡待遇のルールは，いわゆる「同一労働同一賃金」原則とは異なる側面を有する。どのような違いがあるだろうか。

3 わが国では，正規と非正規の雇用区分が形成されることになったが，それはなぜか。非正規雇用の歴史的背景について調べてみよう。

参考文献

・神林龍『正規の世界・非正規の世界―現代日本労働経済学の基本問題』（慶應義塾大学出版会，2017年）
・大内伸哉『非正社員改革』（中央経済社，2019年）
・水町勇一郎『同一労働同一賃金のすべて　新版』（有斐閣，2019年）

12 | 就業形態の多様化と労働市場

《**目標＆ポイント**》 労働市場を機能させるためにさまざまな法制度が整備されている。ここでは，失業した際にどのような補償があるのか，また，高齢者雇用や外国人労働者をめぐる法政策について検討する。

《**キーワード**》 雇用保険，高齢者雇用，外国人労働者

1．雇用保険

（1）雇用保険とは

　雇用保険とは，労働者が失業したときなどに，国が金銭やその他のサービスを給付することによって，労働者の生活の援護を行う制度である。1947（昭和22）年制定の失業保険法に定められた「失業給付」がその前身であり，1974（昭和49）年，失業保険法を全面改正して誕生したのが雇用保険法（雇保法）である。

　雇用保険の保険者は政府である。そして，労働者1人以上を雇用する日本国内すべての事業所に適用され，労働者は，原則として全員が被保険者となる。

　ただし，①週所定労働時間が20時間未満（雇保法6条1号），連続31日以上の雇用が見込まれない者（同2号），②季節的に雇用される者であって，4カ月以内の期間を定めて雇用される者，または週所定労働時間が20時間以上であって厚生労働大臣の定める時間数未満である者（同3号），③学校教育法上の学生であって①・②に準ずる者（同4号）な

どには適用されない。

（2）保険料負担

　失業等給付に関する費用は，労使が折半して負担する保険料及び国庫
負担分によってまかなわれている。保険料率は，「厚生労働大臣が定め
る率」とされており，近年は賃金の1000分の10（労使1000分の5ずつ）
前後となっている。

（3）給付内容

　給付される日数は，退職理由，年齢，また雇用保険に加入していた期
間によって異なる。

　失業等給付のうち最も代表的なのは，「求職者給付」の「基本手当」
である。基本手当が受給できる日数は，被保険者が失業した時点の勤続
年数，年齢，退職理由（自己都合か会社都合か）によって決まり，勤続
年数が長くなるほど日数が長くなる。

　この手当は「求職者給付」の名のとおり，「失業者」ではなく「求職
者」に対して支給される。受給者は公共職業安定所を通じて4週間ごと
に求職の申込みをして失業の認定を受ける必要がある。定年や結婚退職
などで当面の間仕事をする意思を有さない失業者は，給付の対象とはな
らない。

2．高齢者と雇用

（1）高齢化社会の到来

　日本の高齢者は，欧米諸国と比べても高い就業率となっている。主要
国における高齢者の就業率を10年前と比較すると，日本をはじめ各国も
上昇している。2018（平成30）年の日本の高齢者の就業率は24.3％と

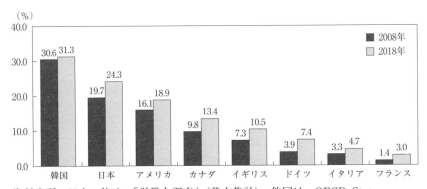

資料出所　日本の値は,「労働力調査」(基本集計), 他国は, OECD. Stat

図12-1　主要国における高齢者の就業率の比較

なっており, 主要国の中でも高い水準にある (図12-1)。2018 (平成30) 年の高齢者の就業者数は, 2004 (平成16) 年以降, 15年連続で前年に比べ増加し, 862万人と過去最多となっている (図12-2)。

　高齢の雇用者について, 現在の雇用形態についた主な理由別の割合を男女別にみると, 男性は「自分の都合のよい時間に働きたいから」(29.8%) が最も高く, 次いで「専門的な技能等をいかせるから」(17.4%),「家計の補助・学費等を得たいから」(16.3%) などとなっている。また, 女性についても,「自分の都合のよい時間に働きたいから」(38.1%) が最も高く, 次いで「家計の補助・学費等を得たいから」(20.6%),「専門的な技能等をいかせるから」(8.8%) などとなっている。

　こうした高齢者の就業を促進しているのが高年法である。同法は, 60歳未満の定年制を禁止しており雇用確保措置を義務付けている点に特徴がある。また, 政府は, 高齢者の活躍の場の整備が必要であるとして, 70歳までの就業機会確保を円滑に進めるための法制度を検討する方針を

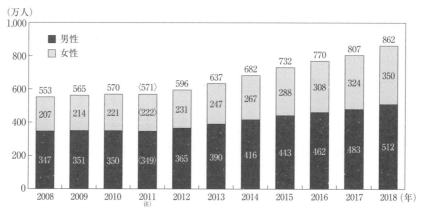

資料：「労働力調査」（基本集計）
注1）数値は，単位未満を四捨五入しているため，合計の数値と内訳の計が一致しない場合がある。
注2）2011年は，東日本大震災に伴う補完推計値

資料出所　総務省統計局

図12-2　就業者総数に占める高齢就業者の割合

示している。

　他方で，再雇用時に賃金等の処遇が引下げられるケースも多く，働く高齢者の意欲や能力をどのように活かしていくかが課題となっている。

（2）高年齢者雇用確保措置

　事業主が定年を定める場合は，その定年年齢は60歳以上としなければならない（高年法8条）。

　また，高齢化をふまえ，高年法は，事業主に対して高年齢者雇用確保措置を義務づけている。すなわち，定年年齢を65歳未満に定めている事業主は，定年を過ぎた60歳以上の雇用を確保するため，①定年年齢の引上げ，②継続雇用制度の導入，③定年制の廃止のいずれかの措置をとることが義務づけられる（同9条）。

　この3つのうち，最も利用されているのが継続雇用制度であり，2018

年の「高年齢者の雇用状況」では，79.3％の企業が継続雇用制度を利用している。この場合，事業主は，継続雇用を希望する労働者全員を継続雇用制度の対象とすることが義務づけられる。関連会社などのグループ企業内での雇用継続も対象に含まれる（同9条2項，施行規則4条の3）。

厚生労働大臣は，事業主に対して，高年齢者雇用確保措置について必要な措置及び助言をすることができる（同10条1項）。高年法の義務に違反する事業主は，厚生労働大臣の勧告に従わなかったときは，その旨を公表することができる（同条2項，3項）。

定年後における継続雇用制度の労働条件については，事業主に一定の裁量があるとしても，到底受け入れがたいような労働条件を提示するなど実質的に継続雇用の機会を与えたと認められない場合には高年法の趣旨に反し，違法となる。たとえば，事務職の労働者に対して，清掃業務のパートや月収ベースで約4分の1となる短時間労働者の再雇用条件を提示した事例において，不法行為の成立を肯定した裁判例もある（トヨタ自動車ほか事件・名古屋高判平28・9・28労判1146号22頁）。一方，定年前の賃金から約42％低い労働条件となる者がいたケースにおいて，その合理性を肯定した事案もある（協和出版販売事件・東京高判平19・10・30労判963号54頁）。

（3）再就職支援

解雇等により離職が予定されている45歳以上65歳未満の従業員が希望する場合，事業主は，在職中のなるべく早い時期から，再就職にあたり必要な措置を実施することが求められる（高年法15条）。また，事業主は，解雇等により離職が予定されている45歳以上65歳未満の従業員が希望するときは，「求職活動支援書」を作成し，本人に交付する必要があ

る（同17条 1 項）。

65歳以降の生活については，年金によって維持されることを前提としていたが，雇用の継続を援助，促進する仕組みとして，離職して求職活動を行う場合には，その都度，高年齢求職者給付金が支給される。また，65歳までの雇用の継続を援助，促進することを目的とした給付金として，高年齢雇用継続給付がある。

3．外国人と雇用

（1）増加する外国人労働者

2018（平成30）年の外国人労働者数は1,460,463人で，前年同期と比べて14.2％増加した（図12- 3）。2007（平成19）年に届出が義務化されて以降，過去最高を更新しており，日本で就労する外国人労働者の数は急増している。とりわけ，高度外国人材や留学生の受入れが進んでいるとともに，資格外活動および技能実習の在留資格で就労する外国人労働者の顕著な増加がその特徴として指摘できる。

こうした外国人労働者数の増加は，わが国における少子高齢化と人手不足が背景にある。技能実習制度の目的は，開発途上地域等への技能等

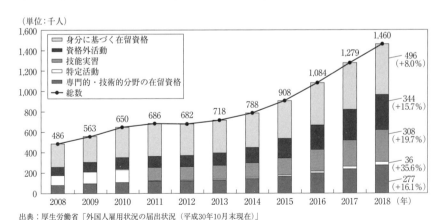

出典：厚生労働省「外国人雇用状況の届出状況（平成30年10月末現在）」

資料出所　厚生労働省「『外国人雇用状況』の届出状況まとめ（平成30年10月末現在）」

図12- 3　在留資格別外国人労働者数の推移

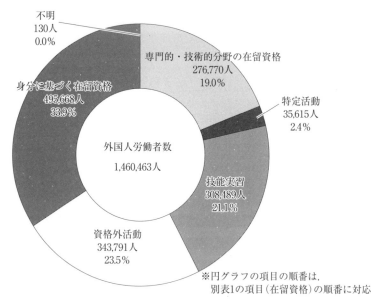

不明
130人
0.0%

専門的・技術的分野の在留資格
276,770人
19.0%

身分に基づく在留資格
495,668人
33.9%

特定活動
35,615人
2.4%

外国人労働者数
1,460,463人

技能実習
308,489人
21.1%

資格外活動
343,791人
23.5%

※円グラフの項目の順番は,
　別表1の項目(在留資格)の順番に対応

資料出所　厚生労働省「『外国人雇用状況』の届出状況まとめ(平成30年
　　　　　10月末現在)」

図12- 4　在留資格別外国人労働者の割合

の移転による国際協力の推進である。外国人に対する不当な扱いや人権
侵害が横行する現状を改善することは喫緊の課題といえる。

(2) 外国人に対する労働法の適用

　国内の事業において就労する外国人労働者は,その在留資格の有無を
問わず,労働法規が適用される(昭63・1・26基発50号等)。国籍を理
由とする労働条件差別は,禁止されている(労基法3条)。また,こう
した法律による保護は,在留資格をもたない外国人にも適用されると解
されている。

（3）在留資格

　日本に在留する外国人には，入管法で定められている在留資格の範囲内において，日本での活動が認められている。日本における就労の可否に着目すると，在留資格は次の3つに区分できる。

　それは，①就労活動に制限がない在留資格（永住者，日本人の配偶者等，永住者の配偶者等，定住者），②在留資格に定められた範囲で就労が認められる在留資格（外交，公用，教授，芸術，宗教，報道，高度専門職，経営・管理，法律・会計業務，医療，研究，教育，技術，人文知識・国際業務，企業内転勤，介護，興行，技能，特定技能，技能実習，特定活動），③原則として就労が認められない在留資格（文化活動，短期滞在，留学，研修，家族滞在）である。

　ただし，③の在留資格については，資格外活動の許可を受ければ就労できる。たとえば，「留学」および「家族滞在」の在留資格については，資格外活動の許可を受けることにより，原則として1週28時間まで就労することが可能である。また，「留学」の在留資格をもつ外国人については，在籍する教育機関が夏休み等の長期休業期間中については，1日8時間まで就労することが認められている。

　わが国は，いわゆる移民受入れ政策（入国時点で永住許可を付与するもの）は採用していない。

（4）外国人技能実習制度

　外国人技能実習制度は，1993（平成5）年に創設された制度であるが，2016（平成28）年の法改正により，新たな技能実習制度が施行されている。

　外国人技能実習制度は，①わが国の親企業等が海外の子会社などの労働者を直接受け入れる「企業単独型」と，②わが国の企業等が外国の監

理団体を通じて労働者を受け入れる「団体監理型」に区分される。

　過去に不正行為事例が多発したことを背景に，届出制だった監理団体が許可制とされ，受入企業など実習実施者を届出制とし，技能実習計画の認定も制度化された。また，人権侵害行為や不正行為などに対する罰則や技能実習生からの申告・相談手段などが整備された一方，優良団体には，実習期間の延長や受入人数枠の拡大などを可能とした。

　しかし，悪質なブローカーの存在や転職が困難であるなどの事情により，現実には過酷な労働実態におかれている外国人技能実習生が多数存在している状況にある。

（5）特定技能

　「特定技能」は，中小・小規模事業者をはじめとした深刻化する人手不足に対応するため，人手不足が深刻な飲食や介護などの分野を対象に，一定の専門性・技能を有し即戦力となる外国人を受け入れていくものである。事実上，特定技能は外国人の単純労働を認める在留資格となる。

　種類として通算で上限5年の在留期限がある「特定技能1号」と在留期間3年又は1年で6か月ごとの更新のある「特定技能2号」の2種類がある。

　「特定技能1号」に対しては，相当程度の知識又は経験を必要とする技能が求められる。これは，相当期間の実務経験等を要する技能であって，特段の育成・訓練を受けることなく直ちに一定程度の業務を遂行できる水準のものをいうとされる。特定技能1号の外国人に対しては，ある程度日常会話ができ，生活に支障がない程度の能力を有することを基本としつつ，特定産業分野ごとに業務上必要な日本語能力水準が求められる。対象となるのは，介護業，外食業等の14業種である。

　「特定技能２号」については，熟練した技能が求められる。これは，長年の実務経験等により身につけた熟達した技能をいうとされている。当面は建設業と造船・舶用工業の２業種のみが対象となる。

　「特定技能１号」は家族の帯同は認められないが，「特定技能２号」は家族へも在留資格が付与される。

　特定技能は，2019（令和元）年11月末時点で1019人にとどまり，政府が初年度に想定していた最大４万人程度には遠い状況になっている。

210

学習
課題

1 諸外国では，労働市場の柔軟性を確保する政策が行われているところ
もあるが，そうした政策はわが国に妥当するだろうか。
2 高齢者の雇用促進は，高齢者にとってどのようなメリットがあるか。
3 外国人労働の実態はどのようなものだろうか。外国人技能実習制度に
ついて調べてみよう。

参考文献

・早川智津子『外国人労働の法政策』（信山社，2008年）
・藤原佳典＝南潮編著『就労支援で高齢者の社会的孤立を防ぐ：社会参加の促進と
QOL の向上』（ミネルヴァ書房，2016年）
・鎌田耕一『概説　労働市場法』（三省堂，2017年）

13 | 労働組合と従業員代表

《**目標＆ポイント**》 労働者には労働組合を結成し，団体交渉する権利が付与
されている。また，使用者は不当労働行為を行うことを禁止されている。労
働組合はどのような課題に直面しているのか。労働組合法の全体像とその直
面する課題について考える。
《**キーワード**》 労働組合，団結権，団体交渉権，団体行動権，不当労働行為，
従業員代表

1．労働組合の意義

（1） 労働組合とは何か

　労働組合が何をする団体なのかがわからないという話を，若い人を中
心に耳にするようになった。そこでまず，労働組合は何のためにあるの
か，その歴史的な沿革についてみてみよう。

　労働組合は，19世紀のイギリス，フランス，ドイツなどの先進国にお
いて，団結の自由をめぐって労使間で激しい対立が繰り広げられた。こ
うした動きは，一人では対処できない事項について，人々が団結して行
動し，自分より力が強く権力をもつ使用者や使用者団体に対抗するとい
う運動から生まれたものである。仕事を行わないストライキやその他の
争議行為を行うことが，労働者にとっての典型的な対抗手段であり，労
働組合の結成を権利として求めた。

　しかし，労働組合の結成が容易に認められたわけではない。イギリス

では1799年の団結禁止法により、フランスではル・シャプリエ法によって、労働組合を結成することは刑罰で禁止され、ストライキを行うことは民事上違法とされた。労働組合運動は保護されるどころか、むしろ治安維持の観点から、取り締まりの対象とされ、ストライキに対して刑事罰が課されていた時代があった。

労働組合が法的に許容され、民事免責、刑事免責が認められたのは、世界的にも19世紀後半のことである。20世紀に入り、先進国は労働組合の結成を法的に積極的に助成するようになった。

こうした歴史的経緯の下で形成されたのが労働組合を保護する労使関係法である。労使関係法は、労働者が、労働組合を結成し、使用者との団体交渉と労働協約の締結を通じて、労働条件を向上させることを促進することを目的とする法分野である。

労働者一人一人が、使用者と交渉し対等な立場で話し合いができるのであれば、労働組合は必ずしも必要ないのかもしれない。しかし、現実には、労働者一人の力では、使用者と対等の立場で交渉することは難しく、使用者のイニシアチブのもとで契約内容が決定されることも少なくない。そこで、労働者が労働組合を結成し、集団の力で交渉を行うことを法的に認められたのが労働組合であった。20世紀の雇用社会において、労働組合は極めて重要な意義を有していた。

（2）憲法と労働基本権

わが国では、労働組合の活動を憲法が保障している。憲法は、労働者が労働組合を結成し、使用者と対等な立場で交渉できるよう、次の労働三権を保障している（憲法28条）。それが、①労働者が労働組合を結成する権利（団結権）、②労働者が使用者と団体交渉する権利（団体交渉権）、③労働者が要求実現のために団体で行動する権利（団体行動権）

である。

　このように，労働組合を結成し，団体交渉をする権利を憲法上の基本的人権として保障している点にわが国の憲法の１つの特徴を認めることができる。労働組合の役割は，団体交渉の担い手となり，集団的に労働条件を決定することである。労組法などが具体的な規定を定め，労働者の交渉力強化を図り，労働条件の集団的設定を促す役割を担っている。

　憲法28条は，労働基本権の行使を保障するとともに，刑事責任，民事責任の追及から解放する効果をもつ。すなわち，正当な組合活動については，刑事上，民事上の責任を問われない。たとえば，業務妨害にあたるような行為であっても，それが正当な組合活動である限り，刑事上の犯罪とはならない（労組法１条２項，刑法35条）。また，正当な組合活動したことを理由として，使用者から損害賠償を請求されない（労組法８条）。ただし，労働組合の活動であれば，何をしても許されるというわけではない。労働組合活動が法的に保護されるためには，正当な組合活動であると認められる必要がある。

（3）労働組合の現在

　労働組合運動は，戦後活発に行われて昭和20年代前半には組合組織率は５割を超えていた。労働組合の活況は昭和50年代まで続き，日本的雇用を下支えしていた。とりわけ企業レベルの労使関係において長期雇用慣行や年功序列的な処分の形成に労働組合は大きく関与していたといえよう。

　しかし，労働組合の組織率は，1980年代から低下傾向である（図13-１）。厚生労働省の調査によると，2019年６月現在の時点で，労働組合員数は1,009万人と前年と比べて２万人増加し，５年連続で増加傾向にある。しかし，推定組織率は16.7％である（厚生労働省「令和元年労働

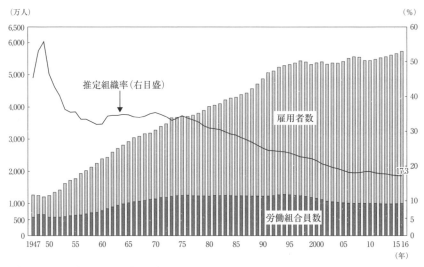

（資料出所）厚生労働省［2016］。
厚生労働省「労働組合基礎調査」，総務省統計局「労働力調査」をもと
に厚生労働省労働政策担当参事官室にて作成

図13-1　労働組合組織率の推移

組合基礎調査の結果」)。雇用者数の増加に労働組合員数の増加が追いつ
いていないという状況にある。

　労働組合の組織率が低下した要因は様々考えられるが，次のような要
因を指摘できよう。

　1つは，産業構造の変化に労働組合が適切に対応できなかったことで
ある。非正規雇用で働く労働者が増えていたにもかかわらず，労働組合
が正社員の権利のみを擁護し，非正規労働者の組織化を十分に行わな
かったことがそのひとつの要因である。

　また，社会意識のレベルにおいても，個人主義化，能力主義化が進ん
でおり，また労働組合の存在意義について学校教育で教えられていない

という問題もある。

　さらには，賃金や労働条件の個別化が進行し，能力主義的な制度が増加していることもその要因として指摘できる。労働組合も従業員を公正に代表することが求められるが，制度が複線化したことにより，こうした制度の変化に必ずしも有効に対応できなかったのもひとつの要因である。

　もっとも，最近では，非正規労働者を組織化するなど，労働組合の結成を拡大する動きも出てきている。また，企業の外において，個人加盟の組合を組織する地域ユニオンの存在もある。地域ユニオン，もしくはコミュニティ・ユニオンとは，企業ごとに組織された労働組合ではなく，誰でも加入される労働組合である。労働組合に入ることにより，団体交渉で労使のトラブルを解決しようとする動きのひとつになっている。

2．労働組合

（1）労働組合の結成

　労働組合の主たる目的は，「労働条件の維持改善その他経済的地位の向上を図ること」である（労組法 2 条本文）。したがって，政治運動または社会運動を目的とするものは，労働組合とはいえない（労組法 2 条但書 3 ， 4 号）。

　 2 人以上の労働者が結成した団体である必要がある（労組法 2 条）。労働組合は，労働者が「自主的に」組織したものでなければならない（労組法 2 条本文）。労働者は団結の自由が保障され，なんらの規制を受けることなく労働組合を結成することができる（自由設立主義）。もっとも，わが国では，労使協定で使用者が組合未加入者を解雇する義務を負う制度であるユニオン・ショップ協定も有効と解されている（日本食塩製造事件・最二小判昭50・ 4 ・25民集29巻 4 号456頁）。ただし，組合

が併存している状況において，協定締結組合以外の他の労働組合に加入するなどした場合には，ユニオン・ショップ協定の解雇義務は及ばない（三井倉庫港運事件・最一小判平元・12・14民集43巻12号2051頁）。

労働組合には，会社側の利益を代表する者が加入してはならず，また，団体の運営のための経費の支出につき使用者の経理上の援助を受けるものは，その自主性が否定される。ただし，①労働時間中の労使協議・交渉を有給とすること，②労働組合の福利厚生基金への使用者からの寄付，③最小限の広さの組合事務所の供与については，経理上の援助にあたらない（同2号）。

労働組合が組合費を徴収するためにチェック・オフを実施することがある。チェック・オフとは，使用者と労働組合の協定により，使用者が組合員の賃金から組合費を控除し，それを労働組合に引き渡すことである。チェックオフを有効に実施するには，労基法24条の全額払い原則に違反しないよう，使用者と過半数組合または過半数代表者との間の書面による協定が必要である（済生会中央病院事件・最二小判平元・12・11民集43巻12号1786頁）。また，使用者が個々の組合員から支払委任の同意が必要であると解されている（エッソ石油（チェック・オフ）事件・最一小判平5・3・25労判650号6頁）。

労働組合は，民主主義を基礎とした組織であることが求められる（労組法5条1項本文）。組合規約の中に民主的手続に関する事項を定めることが必要である（同5条2項）。

労働組合が労働組合法上の手続に参与し，不当労働行為の救済を受けるためには，労働組合の資格審査を受ける必要がある。「労働委員会に証拠を提出して第2条（自主性の要件）及び第2項の規定（民主性の要件）に適合することを立証」しなければならない（同1項本文）。資格審査で認められなかった労働組合であっても，憲法上の団結権，団体交

渉権，争議権は保障され，民事免責，刑事免責も認められる。

（2）団体交渉

　団体交渉とは，労働組合が労働協約の締結を目的として，使用者と労働条件等について交渉・協議することである。使用者は，労働組合からの団交申入れに応じる義務があり（団交応諾義務），団交の場では，誠実に説明・回答・協議すべき義務がある（誠実交渉義務）。使用者による正当な理由のない団交拒否は，不当労働行為として禁止される（労組法7条2号）。

　不当労働行為の救済は労働委員会によって行われるのが原則であるが，裁判所に対して，労働組合が団体交渉を求め得る地位にあることの確認請求を行うことも可能である。

（3）団体行動

　労働者の争議権は憲法28条の団体行動権に含まれる権利である。団体行動権には争議権（要求のための圧力行為）のほかに，組合活動権（争議行為以外の組合活動）が含まれる。正当な争議行為や組合活動については，刑事免責民事免責不利益取扱いからの保護を受ける。組合活動として問題となるのは，ビラ貼り，リボン・バッチの着用，ビラ配布，集会などである。

　正当な争議行為や組合活動については，使用者は解雇・懲戒処分などの不利益な取扱いを行ってはならない。もっとも，そういう行為についてストライキ中の賃金を保障する必要はなく，ノーワーク・ノーペイの原則によって処理される。

　争議行為の正統性は，争議行為の主体，目的，開始時期，態様に分けて判断される。特に問題となるのは，争議行為の手段，態様であるが労

務の完全または不完全な提供は，原則として正当性があるとされる。職場占拠は，使用者による施設利用を妨害しない限りでのみ正当とされる。暴力の行使は正当性がない（労組法1条2項但書）。

　組合活動の正当性に関しては就業時間中のリボン闘争の正当性などが最高裁で争われている。判例は，ホテルでのリボン闘争につき正当な組合活動ではないとした（大成観光事件・最三小判昭57・4・13民集36巻4号659頁）。顧客や取引先などの関係において業務遂行に支障が生じるのであれば，組合活動としても許容されない。

　ストライキその他の争議行為は，1960（昭和35）年の三井三池争議の時期と，1970年代の春闘における官民一体闘争の時期に盛んに行われた。しかし，その後に減少に転じ，2018（平成30）年の「総争議」の件数は320件であり，1957（昭和32）年以降最も少なかった。世界的にも争議行為は減少傾向にあり，争議行為自体をどのように評価するかが問われている。

（4）労働協約

　団体交渉などの労使間の交渉によって成立した合意は，一定の要件を満たすことにより，労組法によって「労働協約」として特別の効力が与えられる。

　まず，労働協約として認められるためには，書面化し，署名もしくは記名・押印が必要である（労組法14条）。ただし，書面の題名は問わないので，「労使協定書」，「覚書」といったものでもよい。

　労働協約の有効期間は最長3年であり，それ以上長期の定めは3年となる。期間を定めなかった場合は，少なくとも90日前の署名もしくは記名・押印した書面による相手方からの予告によって解約となる（同15条）。

　労働協約として成立すると，労働協約の規範的効力という特別の効力が付与される。労組法16条は，「労働協約に定める労働条件その他の労働者の待遇に関する基準に違反する労働契約の部分は，無効とする。この場合において無効となった部分は，基準の定めるところによる。労働契約に定がない部分についても，同様とする」としている。これが規範的効力であり，労働協約に違反する労働契約の部分を無効としたうえで，労働協約が労働契約の内容を直接規律することになる。

　労働協約より有利な労働契約が有効かどうかが論点になるが，判例は，規範的効力の不利な場合にも及び，労働契約を不利に変更しうると解している（朝日火災海上保険事件・最一小判平9・3・27労判713号27頁）。労使の合意が重要であっても，既得権を侵害するような条項や個人的自由を不当に制約する条項は無効となる。なお，労働協約のうち，規範的効力を有しない部分は，契約としての債務的効力を有する。

　労働協約には，労働契約を規律する規範的効力のほかに，通常の契約と同じように，債権債務としての効力が認められる（労働協約の債務的効力）。債務的効力が認められる協約部分としては，組合員・非組合員の範囲，チェック・オフ，組合事務所の貸与等に関するものが典型である。

　労働協約の効力は，原則として組合員にのみ及ぶ（同16条）。ただし，事業場に常時使用される同種の労働者の4分の3以上の数の労働者が同じ労働協約の適用を受けるようになったときは，残りの他の同種の労働者に関しても，当該労働協約が拡張適用される（同17条）。

3. 不当労働行為

（1）不当労働行為とは

　労組法7条が禁止するのは，使用者の次の行為である。すなわち，①

労働者または組合員に対する不利益取扱い（1号），②団交拒否（2号），③労働組合に対する支配介入（3号），④不当労働行為の申立てを理由とする報復的不利益取扱い（4号）である。

（2）不当労働行為意思

　労組法7条では，「故をもって」（1号），「理由として」（4号）の文言が用いられていることから，使用者が不当労働行為意思（反組合的意思）を有していることが，不当労働行為の成否の判断にとって必要な要件となるかどうかが問題となる。支配介入事案における使用者の言動（3号）についても，しばしば不当労働行為意思の存否が問われる。

　不当労働行為意思必要説と不要説に分かれる。意思不要説は「あれなければこれなし」という相当因果関係の考え方に基づいて，たとえば「組合員でなかったならば不利益取扱いもなされなかったであろう」という関係が認められれば，不当労働行為の成立を肯定するというものである。実務では，不当労働行為の意思が必要であるという立場がとられている。

　実務上は，不利益取扱いなどの場面において，動機の競合が争われることが多い。たとえば，使用者側が解雇の正当理由を主張する一方で，労働者側が労働組合活動をしているが故の不利益取扱いであると主張する場合である。この場合には，どちらが決定的な動機であったかによって不当労働行為意思があるかどうかを判断する見解もあるが（決定的動機説），組合活動のゆえに不利益取扱いがなされたかどうかで判断するという見解も有力である（相当因果関係説）。

（3）不利益取扱い

　使用者は，労働者が労働組合の組合員であること，労働組合に加入

し，もしくはこれを結成しようとしたこと，もしくは労働組合の正当な行為をしたことの「故をもって」その労働者に対し解雇その他の不利益な取扱いをしてはならない（労組法 7 条 1 号）。

　また，「労働者が労働組合に加入せず，若しくは労働組合から脱退することを雇用条件とすること」は，黄犬契約（yellow-dog contract）とよばれ，これも不利益取扱いにあたる。なお，過半数労働組合が，その労働組合の組合員であることを雇用条件とする旨の労働協約を締結すること（ユニオン・ショップ協定）は許される（同条 1 号但書）。

（4）団交拒否

　使用者は，使用者が雇用する労働者の代表者と団体交渉をすることを正当な理由がなく拒否してはならない（労組法 7 条 2 号）。

　使用者は，団交応諾義務があるため，団交拒否に正当な理由があるといえるのは，それが著しく不合理と認められるような例外的な場合に限られると解される。

　また，使用者は誠実交渉義務を負っており，「労働組合の要求や主張に対する回答や自己の主張の根拠を具体的に説明したり，必要な資料を提示するなどし，また，結局において労働組合の要求に対し譲歩することができないとしても，その論拠を示して反論するなどの努力をすべき義務」とされている（カール・ツアイス事件・東京地判平元・ 9 ・22労判548号64頁）。

（5）支配介入

　使用者は，労働者が労働組合を結成したり，運営したりすることに支配介入してはならない（労組法 7 条 3 号）。支配介入の具体例としては，組合結成・加入の妨害，あるいは組合脱退勧奨である。

　使用者の反組合的な言論が支配介入にあたるかどうかが問題となるが，使用者の言論が組合活動を抑制する効果が認められる場合には，支配介入となる。

　使用者が「労働組合の運営のための経費の支払いにつき経理上の援助を与えること」も，支配介入として禁止されている（労組法7条3号）。ただし，①賃金カットすることなく就業時間中の協議・交渉を許すこと，②福利厚生を目的とした組合の基金に寄付をすること，③最小限の広さの事務所を供与することは，経理上の援助に該当しない（同条3号）。

（6）報復的不利益取扱い

　使用者は，労働者が労働委員会に対し不当労働行為の申立てをしたこと等を理由として，解雇その他の不利益取扱いをしてはならない（労組法7条4号）。これは，組合活動を擁護すると同時に，労働委員会を中心とした不当労働行為制度の円滑な運用を確保することを目的とするものである。

4．不当労働行為の救済制度

　不当労働行為の救済は，都道府県労働委員会によって行われる。労働組合の紛争については，裁判所だけでなく，行政機関によって紛争解決が図られている。

　都道府県労働委員会は，調査，審問の手続きを経て，救済命令を発する。この救済命令に不服のある使用者は，中央労働委員会に再審査を申し立てることができる（労組法27条の15第1項）。さらに再審査命令に不服の場合には，当該命令の取消訴訟を提起することができる（同27条の19第1項）。

　労働組合の紛争を裁判所で解決することもできる。たとえば，組合員であることを理由として解雇された労働者は，裁判所に解雇無効とする地位確認請求を提起することもできる。また，労働組合は，団結権侵害の不法行為を理由に損害賠償を請求することもできる。

　労働委員会は，不当労働行為のあった日から1年を経過した事件については，申立てを受けることができない。ただし，継続する行為にあってはその終了した日から1年とされている（同27条2項）。

5．集団的な労働条件決定メカニズムの必要性

　戦後の労働組合は，一定の組織率を維持することにより，集団的に労働条件を決定する仕組みとして有効に機能してきた。しかし，労働組合の組織率が低迷している現在では，労働組合によって集団的に労働条件が決定される場面は限定的になっており，改めて集団的に労働条件を決定する仕組みが求められている。労働組合の再生をめぐる議論もなされているが，その道のりは容易ではない。労働組合とは別に，従業員代表制度を立法化によって確立する議論もなされている。もっとも，その場合，労働組合の役割をどのように考えるかなど，課題も多い。集団によって労働条件決定がなされるほうが効率的な場面も多く，集団的な労働条件決定の再生が大きな課題となっている。

**学習
課題**

1 労働組合は必要か。その理由を整理してみよう。
2 不当労働行為の救済の特徴は何か。
3 従業員代表制度を立法化すべきか。そのメリットとデメリットを整理
　 してみよう。

参考文献

・荒木尚志『日本における集団的労働条件設定システムの形成と展開』日本労働研
　究雑誌661号（2015年）15頁
・道幸哲也『労働組合法の基礎と活用—労働組合のワークルール』（日本評論社，
　2018年）
・道幸哲也『労働組合法の応用と課題—労働関係の個別化と労働組合の新たな役
　割』（日本評論社，2019年）

14 | 労働紛争の解決

《**目標＆ポイント**》 労働問題をどのように解決していくのが望ましいのか。また，紛争解決機関にはどのようなものがあるのか。労働紛争の解決をめぐる法律問題について検討する。

《**キーワード**》 労働組合，労働局，労働委員会，労働審判，裁判所

1．紛争処理の対処

（1）日本的雇用と紛争

　長期雇用慣行，年功賃金，企業別労働組合という特徴をもつ日本的雇用は，紛争の予防と解決に親和的な制度であったといえる。わが国の場合は企業別組合であり，労使間で大きく対立する前に調和的に紛争を解決することも可能であった。戦後のこうした状況が，労働紛争についてあまり積極的にならなかった要因のひとつといえる。

　もっとも，紛争状態をよしとしない文化が強くなると，権利主張をすることもよしとしない文化も生まれることになる。職場の問題について自分たちで解決する文化が育たないと，権利主張をする者を排除する文化が生じる。考えるべきは，職場で権利主張を行うことは望ましくないものなのか，という点である。

　もちろん，無用な対立を醸成することが望ましくないということは，いうまでもない。しかし，権利主張をすること自体を否定してしまうことには，問題が多いことに気づく人も多いだろう。権利主張を否定する

ことは，強いものが大きな権限を有し，弱いものは黙って我慢し，我慢
できなければ自ら離脱するしか選択肢がなくなる。最近の雇用の場で
も，辞めざるをえない状況に追い込まれるケースも少なくない。

(2) 企業内での紛争解決

　労働関係をめぐる紛争は，労使で話し合って解決することが望まし
い。労働者と使用者の関係は長期的に継続することが前提となっている
のであり，紛争を大きくする前に問題解決をすることは，お互いにとっ
てプラスとなるものである。紛争を好ましくないと思う人にとっても，
望ましい解決方法となる。

　職場では，労働者と使用者の間で利害が対立することもあれば，職場
内で同僚同士が対立することも珍しいことではない。紛争の発生は，職
場の人間関係を悪化させ仕事に影響を与えることになる。

　そこで，労働者個人の問題であったとしても，集団的に話し合い，今
後の同様の問題も視野に入れて解決ができるよう集団的に紛争を解決す
ることが望ましいといえる。会社との間でトラブルが生じた場合には，
まずは会社内の労働組合などに相談するという解決方法がある。また，
会社が設置した苦情処理制度や労使協議機関を利用するという選択肢も
ある。

　会社内で紛争解決がうまく機能するためには，日頃から意見交換を行
う文化の醸成と自主的な問題解決能力の育成が必要である。コミュニ
ケーションがうまくいっている職場は，大きなトラブルになる前に自主
的に解決できる傾向にある。他方，コミュニケーションがうまくいって
ない職場は，自主的な解決は困難となる傾向も見受けられる。また，ハ
ラスメント相談が多い職場は，コミュニケーションがうまくいってない
職場だという調査もある。コミュニケーションの円滑化が，自主的な紛

争解決のポイントということもできる。

コラム　アルバイトのトラブル

　2015年に厚生労働省が大学生を対象にアルバイトに関する意識調査をしている（厚生労働省『大学生等に対するアルバイトに関する意識等調査結果について（平成27年11月9日）』，以下「調査」という）。アルバイトの代表的なトラブルとしては，3つある。

　1つめは，労働条件が明示されないという問題である。調査では，アルバイトを経験した学生のうち58.7%が，労働条件通知書等を交付されていないと回答している。労働条件について，学生が口頭でも具体的な説明を受けた記憶がないという人が19.1%もいる。賃金について明示されたとしても，年次有給休暇の日数や退職に関する事項，時間外労働の有無，休憩時間等については明示されないケースも多い。会社はアルバイトの学生にも労働条件を書面で明示することが求められる（労基法15条）。

　2つめは，賃金や労働時間に関する問題である。厚生労働省のアンケートでは，準備や片付けの時間に賃金が支払われなかった（13.6%），実際に働いた時間の管理がされていない（7.6%），時間外労働や休日労働，深夜労働について割増賃金が支払われなかった（5.4%）などの経験をしているという。「学生のマナー」だとして1時間前から出勤するよう求められ，その時間については賃金が支払われないというケースもある。

　3つめの問題は，シフトや退職に関するものである。採用時に合意した以上のシフトを入れられたり，試験の準備期間や試験期間に休ませてもらえずに試験を受けられなかったという悩みが多い。また，アルバイトをやめたいと何度も店長に伝えたが，「もう少し考えて」と店長から言われて困っているという話もある。期間の定めのない場合は，2週間前に予告すれば退職の自由がある（民法627条）。

　ワークルールを知って，自分が置かれている状況を理解できるようになることが，自分を守るために必要な一歩といえるだろう。

（3）労働関係紛争解決システムの全体像

　労使間に紛争が起きた場合，労使は，誠意をもって自主的に解決するように努力しなければならない。しかし，企業内で自主的な問題解決ができなければ，企業の外の紛争解決機関に目を向けることになる。

　ここで，労働関係紛争解決システムの全体像を確認しておこう。企業外部の労働関係紛争解決システムとしては，行政によるものと司法によるものがある。この他に，弁護士会などが実施する紛争解決のためのサービスもある。

　労働関係をめぐる紛争は，大別すれば，個々の労働者と使用者の間で生じる個別的労働関係紛争と，労働組合と使用者との間で生じる集団的労働関係紛争に区分できる。

　かつては，賃上げや一時金要求などの「利益紛争」が中心であり，産業別単位や企業別単位で大きな争議や労働組合活動といった集団的労働関係紛争が多かった。しかし，人事労務管理の個別化や雇用形態の変化にともない，集団的労働関係紛争は減少し，これに代わって，ハラスメントや賃金不払い，解雇といった「権利紛争」に関する労働相談件数が増えている。

　また，労働組合をめぐる紛争は，個人加盟組合（地域ユニオン，もしくはコミュニティ・ユニオン）の紛争が増加し，裁判所においても，個人加盟組合の支援の下で個人の訴訟が増えてきている。

2. 行政による紛争解決手続

　労働紛争に直面したときには，労働局や労働委員会などの行政による紛争解決手続を利用するという方法がある。行政による労働紛争解決システムとしては，個別的労働関係紛争を対象としたものとして，個別労働紛争解決促進法に基づく都道府県労働局による紛争解決手続，都道府

県労働委員会による個別的労働関係紛争解決手続がある。集団的労働関係紛争を対象としたものとして，労働委員会の不当労働行為救済制度，争議調整制度がある。

　労働局や労働委員会は，無料で利用でき，比較的早期に結論が得られる点が特徴である。弁護士に依頼しなくても相談することから利用できるというメリットがある。

（1）個別労働紛争解決促進制度

　各都道府県におかれている都道府県労働局でおこなわれているのが個別労働紛争解決である。具体的には，個別労働紛争解決促進法に基づいて３つの紛争解決援助制度がある（図14-1）。いずれも無料で利用することができる。

1）相談情報提供

　都道府県労働局では，総合労働相談コーナーにおいて，労働問題に関する情報提供・個別相談のワンストップサービスを行っている。これは個別労働紛争解決促進法３条に基づくものである。労働条件，女性労働問題，募集採用，職場環境を含め，労働問題に関するあらゆる分野の相談を専門の相談員が，面談あるいは電話で受け付けている。

2）助言指導

　労働局長による助言指導というのは，当事者に対し，紛争の問題点を指摘し，解決の方向を示すことにより，紛争当事者による自主的な解決を促進するものである。

3）あっせん

　紛争調整委員会によるあっせんがある。あっせんというのは，当事者の間に労働問題の専門家が入り，双方の主張の要点を確かめ，調整を行い，話し合いを促進することにより，紛争の解決を図る制度である。裁

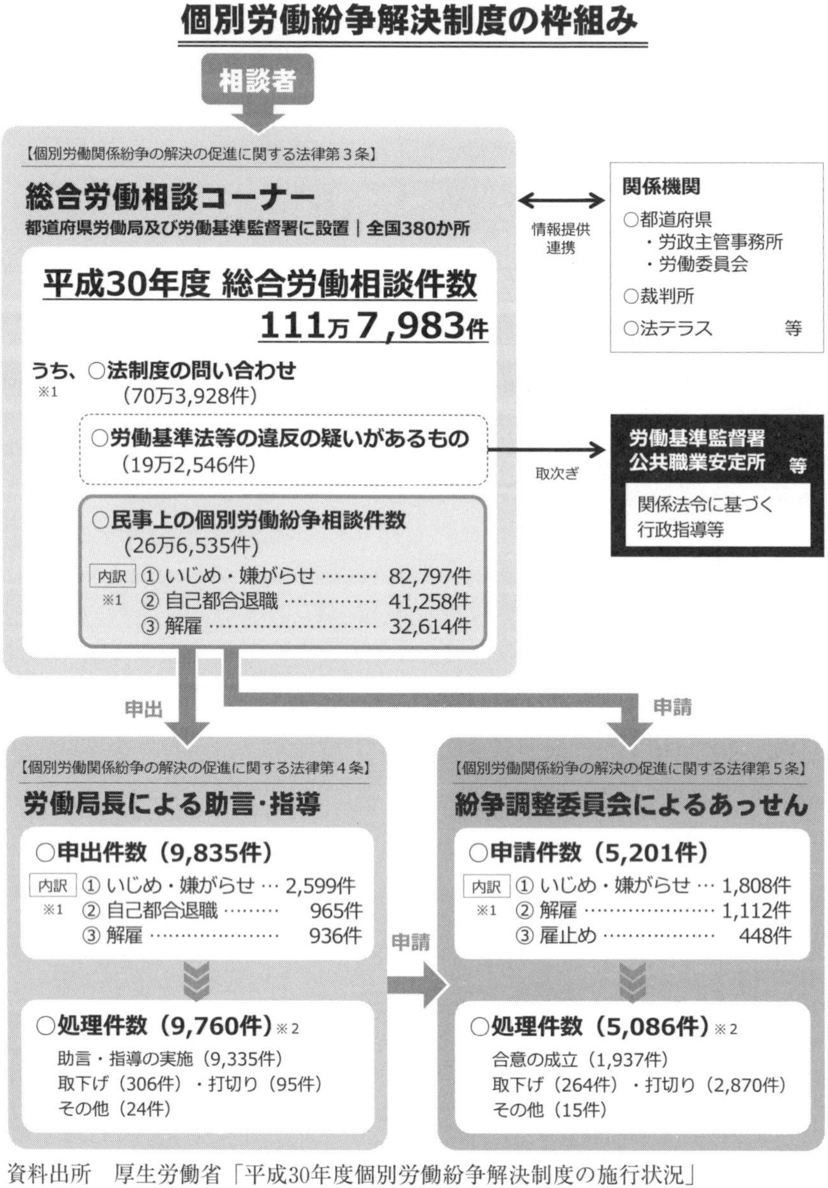

個別労働紛争解決制度の枠組み

相談者

【個別労働関係紛争の解決の促進に関する法律第3条】

総合労働相談コーナー
都道府県労働局及び労働基準監督署に設置│全国380か所

平成30年度 総合労働相談件数
111万7,983件

うち、○法制度の問い合わせ
※1 （70万3,928件）

○労働基準法等の違反の疑いがあるもの
（19万2,546件）

○民事上の個別労働紛争相談件数
（26万6,535件）

内訳 ① いじめ・嫌がらせ ……… 82,797件
※1 ② 自己都合退職 …………… 41,258件
③ 解雇 …………………… 32,614件

情報提供
連携

関係機関
○都道府県
・労政主管事務所
・労働委員会
○裁判所
○法テラス 等

取次ぎ

**労働基準監督署
公共職業安定所 等**

関係法令に基づく
行政指導等

申出

【個別労働関係紛争の解決の促進に関する法律第4条】

労働局長による助言・指導

○申出件数（9,835件）

内訳 ① いじめ・嫌がらせ … 2,599件
※1 ② 自己都合退職 ……… 965件
③ 解雇 ………………… 936件

申請

○処理件数（9,760件）※2

助言・指導の実施（9,335件）
取下げ（306件）・打切り（95件）
その他（24件）

申請

【個別労働関係紛争の解決の促進に関する法律第5条】

紛争調整委員会によるあっせん

○申請件数（5,201件）

内訳 ① いじめ・嫌がらせ … 1,808件
※1 ② 解雇 ……………… 1,112件
③ 雇止め …………… 448件

○処理件数（5,086件）※2

合意の成立（1,937件）
取下げ（264件）・打切り（2,870件）
その他（15件）

資料出所 厚生労働省「平成30年度個別労働紛争解決制度の施行状況」
図14-1 個別労働紛争解決制度の枠組み

判に比べ手続が迅速かつ簡便となっている。弁護士，大学教授，社会保険労務士などが紛争調整委員を担当する。

4）紛争の状況

　個別労働紛争解決制度の利用状況についてみてみると，総合労働相談件数は2018（平成30）年で111万7,983件となっている。11年連続で100万件を超えており，紛争解決の窓口として利用されている状況である。相談内容としては，いじめ・嫌がらせに関する相談が多いことが特徴となっている。

（2）労働委員会による集団紛争処理と個別あっせん

　労働委員会の特徴は，公益委員，労働者委員，使用者委員の三者構成をとっているところにある。労使の委員がそれぞれの立場の利害状況をよく把握していることから，三者構成は利害調整の場面では有効に機能する。

　労働組合に関する紛争解決は，不当労働行為の救済手続が設けられている。労働組合または労働者は，使用者が労組法 7 条で禁止されている不当労働行為を行ったと考える場合には，労働委員会に不当労働行為の救済申立てをすることができる（第13章参照）。労働委員会は，調査，審問を行う。多くの場合は和解で解決するが，和解による解決が困難な場合には合議を行い，救済命令または棄却命令を発する。このほか，労働争議の調整という手続もある。

　多くの都道府県労働委員会が，個別的労使紛争のあっせん手続きを行っている。労働委員会は，公労使の三者構成で行われている点に特徴があり，個別的労働紛争においても，三者構成をとることで紛争当事者に納得感のある解決に導くことができる。

（3）労働基準監督署

　労働基準監督署は，労働条件の最低基準が遵守されているかどうかを監督する機関である。労基法などに違反している場合，その労働条件を是正させる役割も担っている。労働基準監督署は，申告があれば監督官が事業場の労働実態の確認を行い，調査の結果，法令違反があると判明した場合には，是正勧告を行い，また違反とは言えない場合であっても，好ましくない場合には指導が行われる。したがって，明確な労働基準法違反や賃金不払いなどについては，労働基準監督署が紛争解決機関として機能することになる。

（4）その他の相談窓口

　以上の行政が運営する制度の他にも，弁護士や司法書士，社会保険労務士などの専門家による相談窓口が設けられている。たとえば，各都道府県の弁護士会では，法律相談センターにおいて労働問題を含むあらゆる法律相談を受け付けている。また，司法書士会や社会保険労務士会なども法律相談の窓口を設けている。

3．司法による紛争解決手続

　紛争を終局的に解決する機関は裁判所である。司法による労働紛争解決システムとしては，労働審判制度，通常訴訟，保全訴訟がある。

（1）労働審判制度

　労働審判制度は，裁判所において，個々の労働者と事業主との間に生じた労働関係に関する紛争を取り扱う。原則として3回以内の期日で，迅速，適正かつ実効的に解決することを目的として設けられた制度であり，2006（平成18）年4月にスタートしている。労働審判手続では，裁

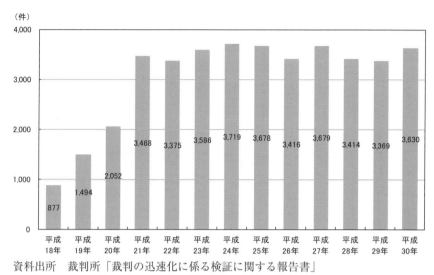

資料出所　裁判所「裁判の迅速化に係る検証に関する報告書」

図14-2　地方裁判所における労働審判事件の新規件数の推移

判官である労働審判官１名，労働関係に関する専門的な知識経験を有する労働審判員２名とで組織する労働審判委員会が審理し，適宜調停を試み，調停がまとまらなければ，事案の実情に応じた解決をするための判断を行う。労働審判に対する異議申立てがあれば，訴訟に移行する。

　労働審判手続においては，原則として３回以内の期日で審理が終了になるため，当事者は，期日に向けて，主張，立証の準備をする必要がある。適切な主張・立証活動を行うために，法律の専門家である弁護士を代理人に選任する場合も多くなっている。地方裁判所における労働審判事件の新規件数は，年間3,500件前後で推移している状況にある（図14-2）。

（2）通常訴訟

　通常訴訟は，提訴がなされ，弁論期日や弁論準備を経て争点を整理し，集中証拠調べをして判決となる手続である。

　手続に要する期間は，特に複雑な案件を除き，通常1年から1年半程度といわれる（図14-3）。また，裁判所から，随時，和解を勧められるので，柔軟な解決をすることも可能である。時間がかかる分，十分な主張や立証を行うことができ，裁判所による判断を受けることができるが，他の紛争解決手続と比べると，時間と費用がかかるという面もある。

（3）民事保全

　裁判所は民事保全という制度も用意している。民事保全は，訴訟提起して権利を実現しようとする人のために現状を維持確保することを目的として行われるものであり，いわば応急処置的なものである。民事保全は，本案事件の判決が下されるまでの暫定的な処分であるという点に特徴がある。本案訴訟の判決や労働審判が出る前に，仮に処分が下りその執行もできるため，緊急に権利を保全する必要がある案件では有効である。

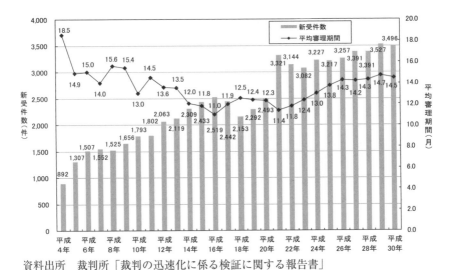

資料出所　裁判所「裁判の迅速化に係る検証に関する報告書」

図14-3　地方裁判所における労働関係訴訟の新規件数と平均審理期間の推移

4．権利を守ることが社会をつくる

　権利を守っていくためには，自分たちで行動することが求められる。紛争解決機関が勝手に解決してくれると思っている人もいるかもしれないが，自分たちで行動しないかぎり状況は改善しない。まずは，次の点を意識していくことが重要である。

　第1は，ワークルールの知識を学びコミュニケーション能力を磨くということである。会社の上司とコミュニケーションをとって双方で確認，相談する，職場の仲間同士で働きやすい環境や雰囲気をつくる，同僚に相談できる環境をつくるといったことが重要である。場合によっては，使用者に対して労働条件に関する意向をはっきりと伝え，無理な要求については，ときには断る勇気も求められる。

　第2は，職場内で相談できる仲間をつくることである。労働条件に疑問があれば，職場の仲間と話し，問題意識をもつように働きかけることも重要である。職場は自分たちでつくるものであり，仲間と一緒に会社に疑問点を質問して，改善を求めていくことで，人間関係を維持しながら働きやすい職場にすることができる。

　第3は，相談場所の確保や紛争解決機関の利用である。わが国の特徴は，裁判所をはじめとした紛争解決機関の利用が諸外国に比べて圧倒的に少ないということである。これは，和を重視してきた日本の文化的側面もある。しかし，その一方で，労働法に関する知識がなく，自分がおかれている立場がわからない，労働紛争の解決方法が認知されていないという問題もある。

　権利を守るためには，自分1人ではなく，職場の仲間や友人と話しをしながら，自分たちの権利や利益を守っていくことが重要である。こうした積み重ねが，個人の権利を確保するだけでなく，公正な社会の形成

にもつながることになる。

**学習
課題**

1 職場内で労働問題を解決していくことは望ましいといえるか。その理由を整理してみよう。
2 行政による紛争解決手続と司法による紛争解決手続には，どのような違いがあるか。それぞれのメリットを整理しよう。
3 職場のトラブルを認知できない，自分がおかれている状況が理解できないという労働者も多い状況にある。ワークルールを浸透させるには，どのような方策が必要だろうか。

参考文献

・山川隆一『労働紛争処理法』（弘文堂，2012年）
・道幸哲也『ワークルールの論点―職場・仕事・私をめぐって』（旬報社，2019年）
・日本ワークルール検定協会編『ワークルール検定　初級テキスト〔第3版〕』（旬報社，2020年）

15 | 雇用社会と労働法の未来

《**目標&ポイント**》 経済のグローバル化と就業形態の多様化により，労働法の役割についてどのように考えるかが改めて重要な法的課題となっている。新たな時代において，労働法はどのような役割を担うのか，労働法の未来について検討する。

《**キーワード**》 労働者，労働契約，業務委託契約，請負契約，フリーランス

1．グローバル化する経済と雇用

　グローバル化する経済が，労働法の想定すべき雇用モデルを変容させている。

　労働法の歴史をふりかえれば，労働法誕生の端緒は18世紀にイギリスで発祥した第一次産業革命に由来する。1760年代から1840年代頃にかけて，蒸気機関の発明と鉄道建設によってもたらされた第一次産業革命は，機械による生産の到来を告げることとなった。蒸気機関を使って大量生産された代表的なものは織物であり，その後の技術的発展により人々の生活は豊かになったが，他方で劣悪な労働環境の下で単純労働に従事する労働者を大量に生み出すこととなった。こうした状況下において，労働法は，農業社会から機械化・工業化への転換期において，労働者の状況を改善するための政府による法的介入として誕生したものである。

　19世紀後半から20世紀初頭には，電気の活用によるエネルギーの効率

化と工場による大量生産による第二次産業革命がはじまる。20世紀に成功した雇用モデルの代表が，フォーディズムと呼ばれるアメリカの雇用モデルである。自動車会社のフォードの特徴は，仕事と権限の細分化とピラミッド的な労働組織を基礎とする大工場モデルであり，成人男性のフルタイム労働を想定したものであった。使用者に従属して規律を守り，その一方で労働者は安定と補償を受けるというものであり，均質で安定した地位が保障され，労働組合がその代表性を担った。

また，フレデリック・テイラー（Frederick Taylor）が提唱したテイラー主義は，生産現場に科学的管理法を導入するもので画期的であった。作業のストップウオッチ計測やスケジュール管理によって効率を最大化していくもので，その徹底により不確実性を最小限に抑えることを可能にした。労働時間は，労働関係を規律する客観的な基準としての機能を担い，労務管理上の指標ともなった。共通の働き方をすることにより，集団的労働関係では規律と連帯をもたらす役割を果たした。

第三次産業革命は1960年代の半導体やコンピューターの発展とインターネットの発達であり，一般的にはコンピューター革命あるいはデジタル革命と呼ばれている。第一次産業革命と第二次産業革命では肉体的な労働が機械への代替につながり，第三次産業革命では，情報処理を機械に代替させてきた。

そして，21世紀の現代は，第四次産業革命と呼ばれる変革期にある。第四次産業革命はデジタル革命の上に成り立っており，その特徴が，グローバル化する経済と雇用関係の変化である。次のような3つの象徴的な現象がおきている。

第1に，テクノロジーの発展とAI化の進展により，一部の職業では新しい機械が人間にとって変わりつつある。現実に，従来は人が担っていた工場や倉庫などでの雇用が，新しいテクノロジーによって機械に

よって自動化されている。AIやロボット等の出現により，従来型のミドルクラスのホワイトカラーの仕事は，大きく減少していくことが想定される。製造業の生産ラインは機械がとってかわり，労働者が担うべき役割は大きく変化することが予想される。IoT，ビッグデータ，人工知能，ロボットの技術が進展し，産業構造の大幅な変化が予想されている。他方，第四次産業革命による変化は新たな雇用ニーズを生み出す。こうした就業構造の転換に対応した人材育成や，成長分野の雇用創出，法的サポートシステムが必要となる。

　第2に，テクノロジーの発展により，ごく少数の労働者だけで高い生産性を上げることが可能になっている。以前は，企業として，製造から営業，総務といった多様な部署を組織化して実施していたものが，AIの活用や外注化により，少人数でサービスを提供することが可能である。従来型の人間の仕事は，AIに安価に置き換えられることになる。バックオフィス業務などの従来型のホワイトカラーの仕事は，大きく減少することが予想される。産業構造の変化に伴い，人は人間にしかできない役割を仕事として担うことになる。

　第3に，グローバル経済は，新興国を含めて世界全体で経済活動がなされるようになっている。世界中に広がったサプライチェーンを先進国の企業が管理する構図が明確に進んでいる。国家間の取引における垣根は低くなり，個人間でも国際的取引が簡単にできる時代になった。また，製造業も多国籍で行われることが普通のこととなり，現在では，インターネットの発展により，企業や個人間で国境を越えて行われている。フリーランスによる取引も国境を越えて行われている。技術革新ははじまったばかりであり，急速に発展するブロックチェーン技術などの新技術は，現時点で想定している以上の社会変革をもたらす可能性がある。デジタルエコノミーの進展は，一部のプラットフォーム企業が収益

を上げることが容易となり，人々の働き方にも影響することになる。

2．社会的変容とわが国の課題

わが国が直面する主要な社会的変容としては，次の3つを指摘できる。

第1は，就業形態の「多様化」に起因するものである。雇用システムの変化やIT（情報技術）化の進展に伴い顕著に現れているのが，雇用と自営の中間的な働き方をする者の増加という現象である。労働契約以外の契約類型で就業する，いわゆる「契約就業者」が増加している。これまでにも，請負や委任といった契約類型が異なる働き方がごく日常においてみられたが，近年では，SOHO，テレワーク，在宅就業者にとどまらず，ネットで仕事を受注する働き方が一般化しており，仕事を受注しながら会社員と類似した働き方をする「自営的就労」も増えている。

第2は，自分で働く時間を決めることができるオンデマンド労働の拡大である。こうした現象を加速させるのが，海外で急速に拡大しているギグ・エコノミー（Gig Economy）ないしシェアリング・エコノミー（Sharing Economy）と呼ばれるオンデマンド経済の拡大である。ギグ・エコノミーは，インターネットを通じて単発の仕事を受注する働き方や，それによって成り立つ経済形態のことをいう。インターネット技術の進展により，欧米諸国ではギグ・エコノミーを基盤として職業生活を営む者が現れ，それが爆発的に増加している。コンサルティングや業務請負，クラウドワーク，フリーランスといった従来型の働き方に位置づけられるものもあれば，乗用車の相乗り需要をマッチングさせるライドシェアに代表されるように，個人的活動の延長で収入を得る新たな働き方も世界各国で広がっている。プラットフォーム企業を介在させた個人間でサービスの提供をするオンデマンド労働が技術的にも容易となっ

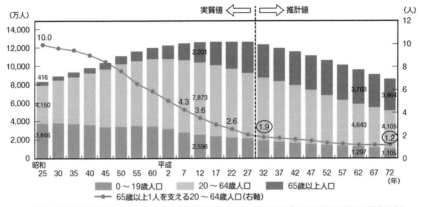

出典：厚生労働省『「働くこと」と「労働法」』
資料出所　内閣府『男女共同参画白書　平成28年版』

図15-1　現役世代の人数の推移

た。個人は，インターネット技術により，1つの企業に所属するだけではなく，同じ時間帯に複数の仕事に従事することも可能となっている。

第3は，生産年齢人口の減少と所得の格差である。わが国では，少子高齢化が進展しているが，これは構造的な問題であり，働く人が減少することはほぼ確実視される未来予測である（図15-1）。2050年に日本の人口は約1億人まで減少すると予想されている。また，わが国は，「一億総中流」と呼ばれた時代もあったが，次第に所得格差が大きくなり，先進国のなかでも所得格差が大きい国のひとつになっている。

クラウドワークや個人の起業は，労働力を大量に投入して生産を行うというかつての労働集約型の生産方式から，個々人が労働の生産を担う知識集約型また労働分散型の生産方式への移行を象徴する出来事である。また，新しい生産方式では機械化が大幅に進むなかで，個人に求め

られる役割は情報を活用して知的創造性を発揮することである。ギグ・エコノミーは，プラットフォーム企業を介在しながらネットワーク構造のもとで個人がサービスを提供をする働き方であり，権力構造を前提とした従来型の雇用とは一線を画する構造をもつということもできよう。

このように，経済活動のなかで第三次産業，なかでもサービス業の比重が高まるとともに，使用者から具体的な作業指示を受けずに働く者など，経済的に従属的な立場におかれる働き方が増加している。

3. 将来に向けてのコンセプト

自営的就労を想定したサポート・システムの必要性を意識したとき，従来とはかなり異なった法制度が構想されてくる。雇用労働に偏った労働法制や社会保障法制から，自営的就労を含めた労働市場の円滑化に向けた枠組みの設定の構想が必要となる。新たな働き方をも包摂したサポートシステムの構想である。

とりわけ，使用者の「非雇用化」のインセンティブを減らす法制度とするためには，次のような枠組みが必要となる。留意すべき視点としては，以下の5点が重要であると考える。

①自営業者と「偽装」するなどの使用者の意図的な「非雇用化」を抑制すること

②雇用と自営の中間的な働き方である「準労働者」に対して，必要となる労働法上の権利を適用すること

③真性な自営業者に対するサポートやセーフティーネットを構築すること

④適切な職業能力を開発する機会や教育の機会が個人に提供されること

⑤多様な働き方を前提とした社会保障システムを構築すること

　労働法の適用をめぐる論点は①から③である。また，④職業能力や教育の構築や，⑤多様な働き方を前提とした社会保障システムも重要になるであろう。

　以下では，労働法の適用をめぐる論点として①から③に関連する部分について，若干の論点を提示したい。

4．労働法をめぐる法的論点

　諸外国の動向をふまえて労働法の適用をめぐる法原則のあり方を考える場合，次のような課題が想定される。

（1）労働者概念の拡張

　第1は，労働者概念の拡張のあり方である。諸外国の動向にかんがみると検討すべきアプローチとしては3つある。

　その1は，労働者概念の拡張である。労働基準法及び労働契約法については，経済的従属性を基本とした判断基準へと移行することの是非が論点となる。

　その2は，諸外国のように，労働者類似の者に第3のカテゴリを設定して，必要に応じて労働法の保護ルールの一部を「労働契約」以外の働き方に拡張適用するという立法上の措置である。イギリスでは，第3のカテゴリーとして「労働者（worker）」概念を設定して，労働法上の権利を雇用類似の者に拡張しているが，こうした法政策がその典型である。アメリカの学説では，「独立労働者」に対して，労働組合結成，団体交渉，労災，社会保障，メディケア，保険や資産形成の支援，税については適用し，労働時間は把握が困難なため労働時間規制は適用を除外するなどの考え方が構想されている。雇用関係に見られる法的利点と保護の多くを拡張することにより，法的な不確実性と労働者の地位をめぐ

る訴訟費用を削減するという観点が強調されており，その点においても参考になる。こうした状況からすると，わが国の判例では，業務委託契約に労組法上の労働者性を認めた事例があるが（INAX メンテナンス事件・最三小判平23・4・12労判1026号27頁），より積極的にフリーランスに団体交渉権を付与するという法政策も考えられる。

その3は，一定の場合に，法的に雇用を推定するというアプローチである。これは，雇用関係を示す指標が一部でも存在する場合に，雇用関係の存在を法的に推定するものである。ILO が推奨しているアプローチであり，イギリスやアメリカでも近年意識されているアプローチである。OECD の調査によれば，チェコ，エストニア，フランス，メキシコ，オランダ，ポルトガルなどでは，立法によって労働者の地位を「被用者 employee」をデフォルトの地位と推定している。立法上の法技術として参考になる。

（2）契約概念の再構成

第2は，契約概念の再構成のあり方である。イギリスの学説では，「個人的雇用契約（The Personal Employment Contract）」や「個人的労働関係（Personal Work Relations）」といった概念を設定し，フリーランスも含めた幅広い労働を対象にした労働法の組み替えの議論を行っている。

わが国においても，債権法改正の際に「役務提供契約」として一方当事者としての法的権利・利益を享受するという考えの下で，民法上の典型契約としての雇用に請負委任を含む役務供給契約一般を共通に適用されるルールを抽出し，整理することによって，労働者と認められない者の法的保護を論じるアプローチが議論されている。

フリーランスを含めた役務提供契約の一部と位置づけたうえで労働契

約を再構成するという構想であり，民法などの基本法を基軸にして新しいルールを設け，契約内容の適正化を図るというものである。民法上の契約類型と接続させることにより，民法上のルールでの救済も含めて労働市場を規律していく論理として位置づけられる。自営的就労については，独占禁止法上のルール（優越的地位の濫用等）との接合も論点となる。

（3） 労働市場法

第3は，あらゆる役務提供を対象とした労働市場法の必要性である。これまでの労働法は使用者に従属した働き方をその法的対象にし，労働契約を締結した当事者を労働法の対象として想定してきた。

しかし，諸外国の動向をみるかぎり，使用者に従属的な働き方のみならず，プラットフォーム企業を通じたサービスの提供や，フリーランスといった働き方を含めて労働市場法を構築する必要性が見いだされる。労働時間を自由に決めることが容易になったことにより，これまで労働法の適用とされない働き方が拡大することになるが，むしろ，そうした者を労働法の適用から排除するのではなく，労働市場の中に位置づけ，労働の一形態として包摂（inclusion）する議論が求められる。労働法的側面と社会保障法的側面を見据えながら，社会的包摂を可能とする法政策を構築するという視点である。フリーランスも対象に含めたうえで，公正で柔軟性のある労働市場の構築という観点が必要であると考える。

日本はどのような雇用社会を目指していくべきだろうか。雇用社会のあり方を決めるのは，社会を構成する我々である。個々人があるべき未来をみすえ，雇用社会と法のあり方を考えていく必要があるといえるだろう。

学習 課題

1 現在，またこれからの社会において，労働法はどのような役割を担うべきか。

2 ギグ・エコノミーなどの新たな働き方について，法的サポートが必要だろうか。必要だとした場合，労働法を全面的に適用すべきか，それとも一部について適用すべきか。

3 日本的雇用の変容を捉えた場合，労働法や社会保障法はどのような役割を担うべきだろうか。

参考文献

・厚生労働省「働き方の未来2035：一人ひとりが輝くために」(2016年8月)

・大内伸哉『AI時代の働き方と法—2035年の労働法を考える』(弘文堂，2017年)

・國武英生『労働契約の基礎と法構造—労働契約と労働者概念をめぐる日英米比較法研究—』(日本評論社，2019年)

参考図書一覧 （五十音順で掲載した）

○法学に関する入門書
・道垣内弘人『プレップ法学を学ぶ前に〔第2版〕』（弘文堂，2017年）
・森田果『法学を学ぶのはなぜ？―気づいたら法学部，にならないための法学入門』（有斐閣，2020年）
・弥永真生『法律学習マニュアル〔第4版〕』（有斐閣，2016年）
・山下純司＝深町晋也＝高橋信行『学生生活の法学入門』（弘文堂，2019年）

○労働法の入門書
・浅倉むつ子＝島田陽一＝盛誠吾『労働法〔第6版〕』（有斐閣，2020年）
・道幸哲也＝加藤智章＝國武英生編『18歳から考えるワークルール〔第2版〕』（法律文化社，2018年）
・水町勇一郎『労働法入門　新版』（岩波新書，2019年）
・本久洋一＝小宮文人編『労働法の基本』（法律文化社，2019年）
・森戸英幸『プレップ労働法〔第6版〕』（弘文堂，2019年）
・両角道代＝森戸英幸＝小西康之＝梶川敦子＝水町勇一郎『労働法〔第4版〕（LEGAL QUEST）』（有斐閣，2020年）

○ワークルール検定で基本を身につける
・石田眞＝道幸哲也＝浜村彰＝國武英生（日本ワークルール検定協会編）『ワークルール検定初級テキスト〔第3版〕』（旬報社，2020年）
・道幸哲也＝加藤智章＝開本英幸＝淺野高宏＝國武英生『ワークルール検定中級テキスト〔第4版〕』（旬報社，2020年）
・道幸哲也＝加藤智章＝開本英幸＝淺野高宏＝國武英生＝平賀律男＝上田絵理（日本ワークルール検定協会編）『ワークルール検定問題集〔2020年版〕』（旬報社，2020年）

○労働法を専門的に学びたい人の基本書
・荒木尚志『労働法〔第 4 版〕』（有斐閣，2020年）
・川口美貴『労働法〔第 4 版〕』（信山社，2020年）
・菅野和夫『労働法〔第12版〕』（弘文堂，2019年）
・土田道夫『労働契約法〔第 2 版〕』（有斐閣，2016年）
・西谷敏『労働法〔第 3 版〕』（日本評論社，2020年）
・野川忍『労働法』（日本評論社，2018年）
・水町勇一郎『労働法〔第 8 版〕』（有斐閣，2020年）
・水町勇一郎『詳解　労働法』（東京大学出版会，2019年）

○労働組合法を専門的に学びたい人の基本書
・道幸哲也『労働組合法の基礎と活用―労働組合のワークルール―』（日本
　評論社，2018年）
・道幸哲也『労働組合法の応用と課題　労働関係の個別化と労働組合の新た
　な役割』（日本評論社，2019年）
・西谷敏『労働組合法〔第 3 版〕』（有斐閣，2012年）

○労働判例を学びたい人の判例解説
・大内伸哉『最新重要判例200　労働法〔第 6 版〕』（弘文堂，2020年）
・村中孝史＝荒木尚志編『労働判例百選〔第 9 版〕』（有斐閣，2016年）

○雇用社会と法の関係を学ぶ基本書
・菅野和夫『新・雇用社会の法〔補訂版〕』（有斐閣，2004年）
・菅野和夫＝安西愈＝野川忍編『実践・変化する雇用社会と法』（有斐閣，
　2006年）
・野川忍＝水町勇一郎編『実践・新しい雇用社会と法』（有斐閣，2019年）

索引

●配列は五十音順，＊は人名を示す。